철학과 지혜가 있는 이야기 책!

어린이 유머

엮은이 우 옹

① 1

인기 있는 어린이가 되려면 꼭 읽어야 돼!

호호호, 나 백점 맞았다!

100점

지식서관

머리말

우웅 선생님은 1965년부터 부산의 모 공업 고등 학교 화학 과목 교사로서 30년 이상 교편을 잡으셨던 분이다.

이 책 내용의 대부분은 40년 전부터 우웅 선생님이 손수 프린트를 하여 10여 권의 작은 책으로 만들어 고등학교 때 담임을 맡았던 애제자에게 보내 준 것이다.

원고를 출판사에 보내준 애제자는 본사의 편집자와 고등 학교 동창생인데, 그 중에서 어린이들의 정서에 맞는 내용을 골라서, 자라나는 어린이들에게 유익한 책으로 만들어 보자는 취지로 '철학과 지혜가 있는 이야기 책 《어린이 유머》'를 만들게 되었다.

따라서 이 책에는 웃음을 자아내는 유머도 있지만, 선생님이 제자에게 알려 주려고 하는 메시지인 유익한 철학적인 내용도 다수 들어 있다.

모쪼록 잘 읽고 이해하여, 이 사회가 필요로 하는 훌륭한 사람이 되기를 기원한다.

차례

- 10 한쪽 다리가 긴 사람
- 12 우주보다 크고 콩보다 작고
- 14 어머니의 걱정
- 16 일소일소 일노일노
- 18 공약 이행
- 19 재미있는 사람
- 22 달팽이의 속도
- 23 성공하고 싶은가?
- 25 경상도 사투리
- 28 작은 물고기
- 30 당첨금 분배방법
- 32 선거 연설
- 34 아이젠하워
- 36 술 취한 쥐
- 38 가택 침입범
- 40 거북이 삼 형제
- 43 정승과 배
- 45 공자, 방뇨를 꾸짖다
- 47 호랑이와 독재자
- 49 뼈다귀
- 51 조조의 부인
- 54 사랑에 빠진 사자
- 56 벼 룩
- 58 나이팅게일과 공작새
- 60 소크라테스의 탈옥
- 62 장수의 비결
- 65 무식해야 장수한다
- 68 머리가 둘 달린 사람

- 70 기지
- 72 꼬마의 대답
- 73 무학대사
- 75 철학하는 이유
- 77 술꾼의 걱정
- 79 기도
- 82 절굿공이를 갈다
- 84 욕설의 선물
- 86 멋진 반격
- 88 아버지의 유산
- 90 소원 말하기
- 93 노인과 신호등
- 94 서로 다른 두 사람
- 96 예술적인 의자
- 98 회덮밥
- 100 두 얼굴
- 102 처량한 두 노인
- 103 시저의 배짱
- 105 양주 동 박사
- 109 추위도 정도
- 110 술 생각
- 112 수학의 천재
- 115 역사상 최장수자
- 116 감사 기도
- 117 소가죽을 깔아라
- 119 장모님
- 122 외팔이 선생
- 124 억울한 죽음

126 칼국수
129 저승에서 보답
133 그렇다고 미실 것까지야
135 사자와 여우
138 히틀러의 죽음
139 목사와 할아버지
141 고려장
143 거짓말쟁이
145 쉬는 날
147 미국 변호사협회

149 뉴턴(Newton)
153 도둑의 기지
155 은행의 CC TV
157 문제와 위기
159 해석을 달리하다
161 인생의 지름길
164 소학으로 꾸짖다
167 부창부수

168 수수께끼 191

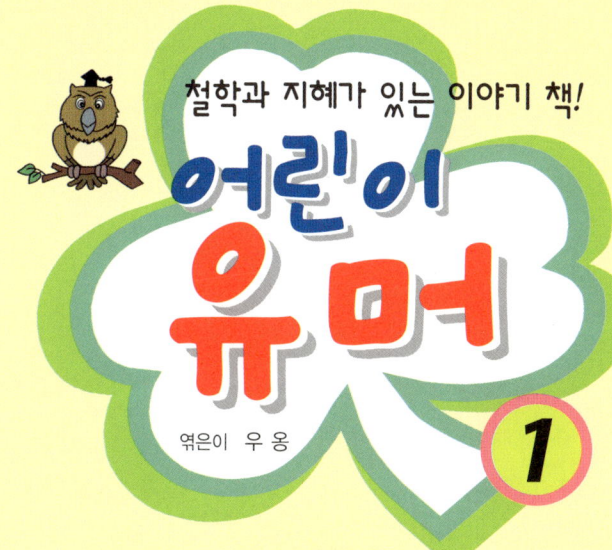

철학과 지혜가 있는 이야기 책!

어린이 유머

엮은이 우 옹

①

한쪽 다리가 긴 사람

 상진(尙震)은 이조 명종 때의 훌륭한 신하이다. 어려서 부모가 돌아가셔서 매부의 보살핌을 받으며 자랐다. 처음에는 공부를 게을리 하였으나 후에 분발하여 과거에 급제하였다.
 많은 관직을 역임하고 영의정이 되었다.
 15년간 그 자리를 무사히 지낸 것은 불편부당(不偏不黨)하고 남을 나쁘게 말하지 않았다.
 같은 말이라도 '절름발이'를 '한쪽 다리가 긴 사람'이라고 돌려 말했다 한다.
 그의 외모는 우둔한 듯 보였으나 마음이 꿋

꿋하고 항상 덕과 도량을 넓히기를 힘썼다.
 그리하여 황희 정승에 버금가는 재상(宰相)으로 알려지고 있다.

우주보다 크고 콩보다 작고

 한 젊은 청년이 경봉 스님을 찾아가서 질문을 했다. 경봉 스님은 당시에 밀양 표충사에서 수도를 하고 있었다.
 "스님, 세상만사가 모두 마음으로부터 만들어진다, 즉 일체유심조(一切唯心造)라고 하셨는데요, 도대체 마음이란 것이 어떻게 생겼습니까?"
 경봉 스님은 이 돌연한 질문을 받고 그 청년을 앞혀둔 채 점심 공양을 하고 돌아와서 이렇게 말했다.

 "마음이 어떻게 생겼느냐 하면, 크기로 말하자면 우주보다도 크고, 작기로 말하면 콩알보다도 작다. 밝기로 말하면 태양보다도 밝고 검기로 말하면 검정보다 검다. 마음은 변하고 또 변하기 때문에 실체가 없는 것이다."

어머니의 걱정

 아들이 둘인 어머니는 근심 걱정이 떠날 날이 없었다.
 큰아들은 우산 장사를 하고 작은아들은 짚신 장사를 했기 때문이다.
 비가 오는 날에는 짚신이 안 팔리는 아들이 걱정되었고, 해가 쨍쨍 들면 우산이 안 팔리는 아들 때문에 걱정을 하였다.
 '이래도 걱정, 저래도 걱정, 내게는 걱정이 떠날 날이 없구나.'
 그러던 어느 날 어머니는 마음을 180도 고

쳐먹었다.

  그랬더니 비가 오면 우산 장사가 잘되어 기분 좋고 해가 들면 짚신이 잘 팔려서 기분이 좋았다.

  그리하여 어머니는 언제나 행복했다고 한다.

일소일소 일노일노
(一笑一少 一怒一老)

어떤 사람이 길을 가다가 길가에 떨어진 돈 뭉치를 주웠다. 그 일이 있은 후부터 길을 걸을 때마다 땅만 내려다보며 걸었다.

그렇게 하기를 10년이 지났는데 그가 얻은 소득은 동전 한 상자와 쇠붙이 열 상자를 수집했다.

10년의 세월 동안 땅만 내려다보고 다니느라고 불행하게도 그는 허리가 굽어지고 10년 동안 웃음을 잃어버렸다고 한다.

웃음이 없어도 살아가는 데 큰 지장은 없지

만 인생이 재미가 없다.

웃으면 마음이 젊어지고 성내면 늙는다.

웃으면 좋은 호르몬인 엔도르핀이 분비되고 화를 내면 몸에 좋지 않은 아드레날린 호르몬이 분비된다.

웃음은 우리 마음에 여유와 즐거움을 주고 몸에는 건강이라는 선물을 준다.

공약 이행

어떤 대통령 후보자가 서민들을 위해 아파트 값을 파격적으로 내리겠다고 공약했다. 하지만 지지율이 오르지 않자 이번에는 아파트 값을 껌 값처럼 하겠다고 공약했다.

그러자 당장 무주택자들로부터 열렬한 지지를 받아 선거에서 승리하게 되었다.

그 후 대통령이 된 그는 자신의 공약을 기억하고 껌 값을 5억원으로 올렸다.

재미있는 사람

한 인텔리 여성이 한국에서 취업에 실패하여 미국으로 이민을 갔다. 그 곳에서 그녀는 공장에서 밤 늦게까지 열심히 일하여 매출(賣出)도 두 배나 올렸다.

그러나 그녀는 승진은커녕 도리어 해고를 당하고 말았다.

'나에게 어떻게 이럴 수 있지?'

그녀는 화가 나서 사장에게 전화를 걸어 이유를 물었다.

"누구보다도 더 열심히 일한 제게 이럴 수

있습니까?"

사장의 대답은 이러했다.

"못생긴 여자는 용서할 수 있어도 웃지 않는 여자는 용서하지 못합니다. 당신은 재미가 없기 때문에 아랫사람들이 따르지 않는 겁니다."

이런 말을 듣고 그녀는 처음에는 화가 났지만, 곧 마음을 고쳐먹고 거울을 보며 웃는 연습을 했다.

처음에는 어색해서 잘 웃을 수 없었지만 끈기 있게 연습한 결과, 얼마 뒤에 그녀는 재미

있고 웃음을 주는 사람으로 변했다.
 그러자 사람들은 유머가 풍부한 그녀의 곁으로 몰려들었고, 드디어 사업에도 성공하여 2005년, 미국 ABC TV에서 '올해의 아시안 지도자 11인'에 그녀가 선정되었다.

달팽이의 속도

 달팽이 두 마리가 조깅을 하다가 벤치에 앉아 쉬면서 서로 자랑을 늘어놓았다.
 먼저 한 달팽이가 말했다.
 "난 말이지, 100m를 8초에 달릴 수 있어. 달렸다 하면 도로 표지판이 마치 벽처럼 잇달아 보이거든!"
 그러자 다른 달팽이가 코웃음 치며 말했다.
 "그래? 난 세계에서 가장 빨리 달릴 수 있어. 내가 운동장을 달리다 보면 어느새 내 뒤통수가 보이거든!"

성공하고 싶은가?

한 청년이 스승을 찾아가서 성공할 수 있는 방법을 물었다.
"제발 그 방법을 좀 알려 주십시오."
"꼭 성공하고 싶으냐?"
"예, 간절히, 간절히 바랍니다."
제자의 대답에 스승은 제자의 얼굴을 물끄러미 바라본 후 말했다.
"딱 두 가지만 실천해 보거라."
"네, 그 두 가지가 무엇입니까?"
"오늘 할 수 있는 일은 오늘 하도록 하여라.

내일은 패배의 보금자리다.
 두 번째는 타인을 즐겁게 만들어라. 유머를 통해서 사람을 얻어라.
 그러면 네가 생각하는 이상으로 빨리 성공할 수 있을 것이다."

경상도 사투리

이런 경상도 말 한번 들어 보자.
"그 사람이 바로 그 사람이냐?"는
"가아가가가?"

"그 사람 성이 고 씨인가?"는
"가아가고가가?"

"그렇게 많이 먹었는데도 음식 값이 그것밖에 안 되는가?"는
"그래무도고고가?"

    매우 반가울 때, 또는 욕으로도 사용하는 말은 "저 뭉디 새빠질연아."
    (문둥이 혀가 빠질 여자.)

    "아이고 행수요, 요새 사는 기 좀 우뚜심니꺼. 쪼깨이 어려부도 좋은 때가 안 오겠능교."
    (형수님, 요즘 생활이 어떻습니까? 좀 힘들어도 좋은 날이 올 겁니다.)

    경상도 사람이 서울에 가서 가까운 목욕탕

을 찾고 있었다. 마침 지나가는 여인에게 물었다.

"아지매, 요 근방에 개잡은 목욕탕이 어디 있능교?"(아주머니, 이 근처에 가까운 목욕탕이 어디 있습니까?)

여인이 놀라며 되물었다.

"목욕탕에서 개를 잡는다고요?"

작은 물고기

어부가 하루 종일 낚시를 했는데 겨우 작은 물고기 한 마리를 잡았다.
"정말 작네."
어부가 중얼거리자 물고기가 말했다.
"예, 맞아요. 저는 먹기에는 너무 작아요. 저를 놓아 주세요. 나는 빨리 자랄 거예요. 그러면 푸짐한 식사를 드실 수 있을 거예요."
어부가 말했다.
"아니야, 작은 물고기야, 네 말은 그럴 듯하다. 하지만 널 다시 볼 수 있을 것 같진 않구

나."
 어부는 작은 물고기를 통에 담아서 서둘러 집으로 돌아갔다.

당첨금 분배 방법

목사와 자선 사업가와 정치가가 한자리에 모여, 만약 자기가 복권에 당첨되면 그 돈을 어떻게 할 것인가에 대해 진지하게 의견을 나누었다.

먼저 목사가 말했다.

"나는 땅 위에 직선을 긋고 돈 뭉치를 공중으로 던져서, 한쪽에 떨어지는 것은 선교 활동을 지원하는 데 쓰고, 다른 한쪽에 떨어지는 것은 교회를 짓는 데 쓰겠습니다."

그러자 자선 사업가가 나서며 말했다.

"나도 목사님과 비슷합니다. 다만 땅 위에 선 대신 동그라미를 그린 다음, 돈 뭉치를 공중으로 던져서 그 안에 떨어지는 것은 불우한 이웃을 돕는 데 쓰고, 나머지는 내 몫으로 하겠습니다."

그러자 이번엔 정치가가 나서며 이렇게 말했다.

"나도 두 분의 방법과 별로 다를 바 없습니다. 나는 공중의 어느 높이만큼을 설정하고, 돈 뭉치를 위로 던져 그 위에 머물러 있는 것

은 국가의 몫으로 하고, 떨어지는 것은 내 몫으로 하겠습니다."

선거 연설

대통령 선거 운동이 한창일 때의 일이다.

한 후보가 주먹을 흔들면서 열정적으로 연설을 하고 있었다. 그 때 갑자기 청중 속에서 달걀이 날아와서 후보의 얼굴을 강타했다.

후보의 얼굴은 달걀 범벅이 되었고 연설장은 술렁이기 시작했다. 그 순간 연설하던 후보가 소리쳤다.

"이왕 달걀을 주셨는데 소금도 부탁합니다."

소란스러웠던 청중들은 웃음을 터뜨리며 후보의 여유에 박수를 보냈다.

아이젠하워

제2차 세계 대전 중에 아이젠하워 장군이 어느 날 미군 기지를 방문하여 장병들을 상대로 연설을 하였다.

장군은 연설을 마치고 연단을 내려오다가 그만 미끄러져서 진흙탕에 넘어졌다. 진흙 범벅이 된 장군의 모습을 보고 장병들은 웃음을 참지 못했다.

그러자 아이젠하워 장군은 벌떡 일어나더니 다시 연단에 올라갔다.

"여러분이 즐겁다면 저는 다시 한 번 넘어질

수 있습니다."
 아이젠하워는 장병들의 환호 속에서 그 자리를 떠났다.

술 취한 쥐

한 마리의 쥐가 술통에서 새어나온 술과 마주쳤다. 그는 목이 말라서 이상한 액체를 한 모금 마시고 쥐구멍으로 들어갔다.

한동안 생각한 뒤 다시 뛰쳐나와 술을 빨았다. 그리고는 다리를 비틀거리며 구멍으로 돌아갔다.

그 때 고양이 한 마리가 쥐구멍 앞에 나타나서 앉았다. 고양이를 본 쥐가 뒷다리에 힘을 주면서 일어나 수염을 뻗치며 말했다.

"야! 고양이 자식, 이리 와! 맞고 싶어? 왜

내 집 앞을 막는 거야?"

고양이가 쥐의 빨개진 눈을 보며 말했다.

"요놈이 취했구나. 정신이 맑았을 때 너를 먹어치우겠다. 꺼져!"

그러자 쥐가 몸을 돌아서서 뒷다리로 날쌔게 흙을 팠다. 흙이 고양이의 눈에 들어가자 고양이는 달아나고 말았다. 이를 보면서 쥐가 말했다.

"야, 술이라는 것은 굉장한 용기를 주는 음료로군!"

가택 침입범

가택 침입으로 고발을 당한 사나이를 변호사가 법정에서 변론을 했다.

"존경하는 판사님, 나는 이 의뢰인이 절대 그 집에 침입하지 않았음을 말씀드립니다. 그는 창문이 열려 있어서 손을 넣어 물건을 옮긴 것에 불과합니다. 그런데 그의 팔은 그의 한 부분이며, 그의 팔 하나에 의해 범해진 죄 때문에 어찌 저 개인 전체를 처벌할 수 있는지요! 다시 한 번 심사 숙고하시어 공평한 판결을 내려 주시기 바랍니다."

　재판관은 다시 한 번 논의를 시작하여, 몇 분 후에 결정을 내렸다.

　"그 의견은 참으로 좋다고 생각합니다. 그 말의 논리에 따라 본관은 피고의 팔을 1년간의 금고형에 처합니다. 그가 팔을 따라 감옥에 가건 가지 않건 뜻대로 해도 좋습니다."

　그러자 피고는 싱글벙글 웃으며, 의수(義手)를 떼어 그것을 피고석에 놓고 나왔다.

거북이 삼 형제

거북이 삼 형제가 소풍을 갔다. 그런데 점심 때가 되어 김밥을 먹으려고 보니 물이 없었다. 거북이 삼 형제는 가위바위보를 해서 진 거북이가 물을 뜨러 가기로 했다.

가위바위보를 한 결과 막내 거북이가 물을 뜨러 가게 되었다.

막내 거북이는 자기가 물을 뜨러 간 사이 형들이 김밥을 다 먹어치울까 봐 걱정이 되어서 이렇게 말했다.

"형들, 김밥 먼저 먹지 마!"

 그 후 막내 거북이가 물을 뜨러 간 사이, 형들은 등껍데기 속에 머리를 집어넣고 동생을 기다렸다.

 하루… 이틀…
 1년… 2년…
 그러나 아무리 기다려도 막내는 돌아오질 않았다. 기다림에 지친 형제들은 더 이상 배고픔을 참지 못하고 김밥을 딱 하나씩만 먹기로 했다.

 그래서 그들이 막 김밥을 먹으려는 순간, 물

을 뜨러 간 줄 알았던 막내 거북이가 바위 뒤에서 얼굴을 불쑥 내밀며 소리쳤다.
 "형들, 그런 식으로 나오면 나 물 뜨러 안 간다!"

정승과 배

 어느 해에 큰 장마가 졌다. 정승 집인데도 천장에서 빗물이 줄줄 샜다. 방바닥에는 강물이 흥건히 흘렀다.
 "아이고, 저 바보 가난뱅이! 저 꼴이 정승이라니?"
 참지 못하고 부인이 악을 썼다. 방 안에서 우산을 받치고 서 있던 정승이 빙그레 웃으며 점잖게 말했다.
 "아유, 배만 있으면 강을 건너서 저 마누라 혼 좀 내주겠는데!"

　그 정승을 두고 황희라거나 맹사성이라는 말도 있다.

공자, 방뇨를 꾸짖다

 공자가 길을 가다가 길가에서 소변을 보는 젊은이를 보았다.
 "젊은이, 길가에서 소변을 보다니 부끄럽지 않는가!"
 큰 목소리로 꾸짖었다. 그리고 한참 가는데 큰길 한복판에서 소변을 보는 젊은이를 발견했다. 그런데 이번에는 공자가 슬쩍 피해서 그냥 가는 것이었다.
 '아니, 왜 그냥 가시지?'
 그를 따르던 제자가 이를 이상하게 생각하

여 스승에게 물었다.

"스승님, 어찌하여 길가에서 소변을 본 젊은이는 나무라면서 길 한복판에서 소변을 본 젊은이는 그대로 두십니까?"

그러자 공자가 말했다.

"다 이유가 있느니라. 처음의 젊은이는 깨우쳐서 고칠 수가 있지만 나중의 젊은이는 어쩔 수가 없다. 삐뚤어질 대로 삐뚤어져서 가망이 없느니라."

호랑이와 독재자

공자와 그의 제자들이 세상이 너무 피폐해진 것을 보고 도시를 피해서 조용한 시골로 가고 있었다. 가던 도중에 한 노파가 무덤 앞에서 슬피 울고 있는 것을 보게 되었다.

공자가 다가가서 물었다.

"왜 울고 계십니까? 무슨 일이라도 있으십니까?"

그 노파가 대답했다.

"10년 전에 호랑이가 내 남편을 물어 죽였습니다. 그리고 어제는 내 하나밖에 없는 외아들

을 물어 죽였습니다."

그러자 공자는 노파에게 물었다.

"그러면 왜 이렇게 무서운 곳에서 삽니까? 진작 안전한 곳으로 옮겨 살았으면 불행을 면할 수 있지 않았겠습니까?"

공자의 말에 노파는 흥분된 어조로 말했다.

"독재자가 있는 도읍보다 그들이 없는 이 곳에 더 낫다고 생각했기 때문입니다."

그 말에 공자가 한숨을 지으며 말했다.

"아, 독재자는 호랑이보다 더 잔인하구나."

뼈다귀

 스스로를 뼈다귀라고 생각하는 어떤 남자가 여러 해 동안 정신과 치료를 받은 결과 거의 완치가 되었다. 그래서 의사가 마지막으로 그를 테스트했다.
 "당신은 뭐지요?"
 "저는 사람입니다."
 이제 됐다고 판단한 의사는 그를 집으로 돌려보냈다. 그런데 나간 지 채 5분도 되지 않아 사내가 공포에 질린 표정으로 뛰어 들어오면서 소리쳤다.

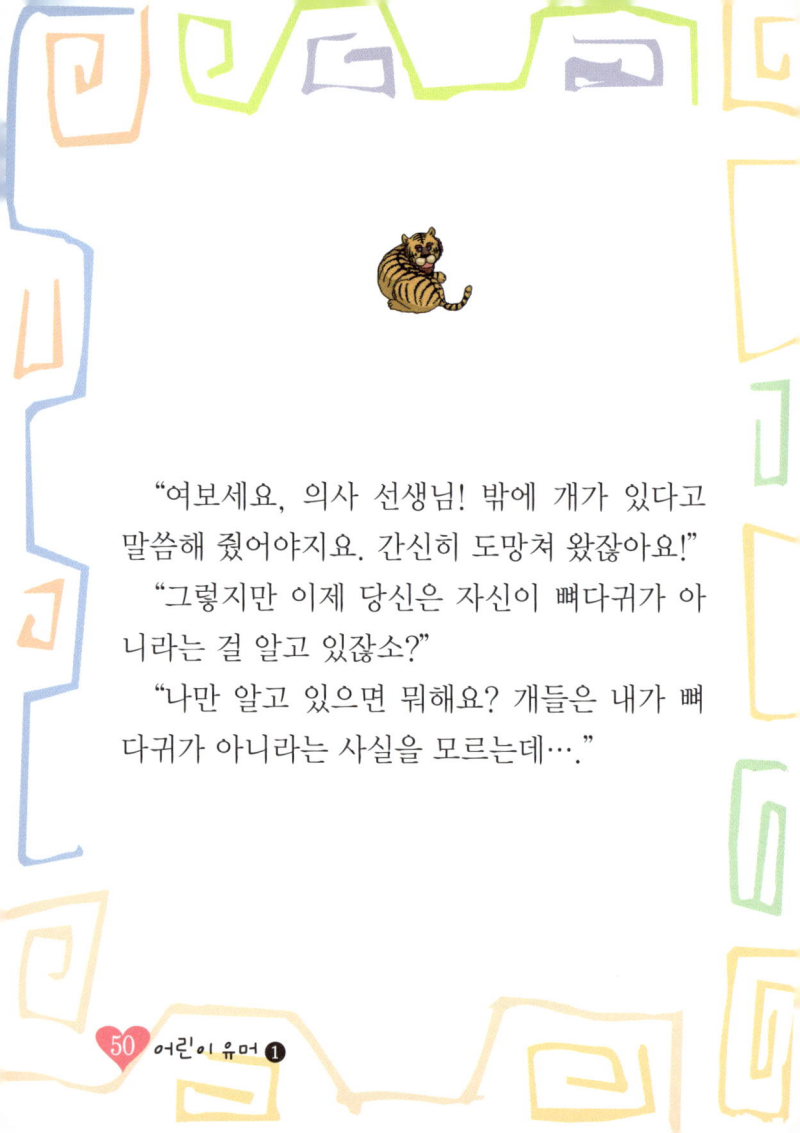

"여보세요, 의사 선생님! 밖에 개가 있다고 말씀해 줬어야지요. 간신히 도망쳐 왔잖아요!"
"그렇지만 이제 당신은 자신이 뼈다귀가 아니라는 걸 알고 있잖소?"
"나만 알고 있으면 뭐해요? 개들은 내가 뼈다귀가 아니라는 사실을 모르는데…."

조조의 부인

조조의 정실은 변 부인이었다.

변 부인은 원래 기생 출신으로 그 신분이 비천하였다. 그러나 조조는 출신 성분이나 명분 따위를 중시하지 않고 사람됨이나 실리를 존중하였다.

변 부인은 비록 기생이긴 하였으나 덕성과 인품이 뛰어나 조조의 마음을 사로잡아 정실이 되었던 것이다.

변 부인은 조조의 아들 조비와 조식을 낳아서 아들들을 훌륭하게 길러냈다.

　조조는 전쟁에서 돌아올 때마다 많은 보물들을 빼앗아 왔는데, 제일 먼저 변 부인에게 마음에 드는 보물을 고르게 하였다.
　그런데 변 부인은 그 보물 중 제일 좋은 것을 고르지 않고 가운데 것을 골랐다.
　변 부인의 행동을 유심히 지켜본 조조가 의아해서 물었다.
　"부인, 왜 제일 좋은 것이나 제일 나쁜 것을 고르거나 하지 않고 중간 것을 고르시오?"
　변 부인이 대답하였다.

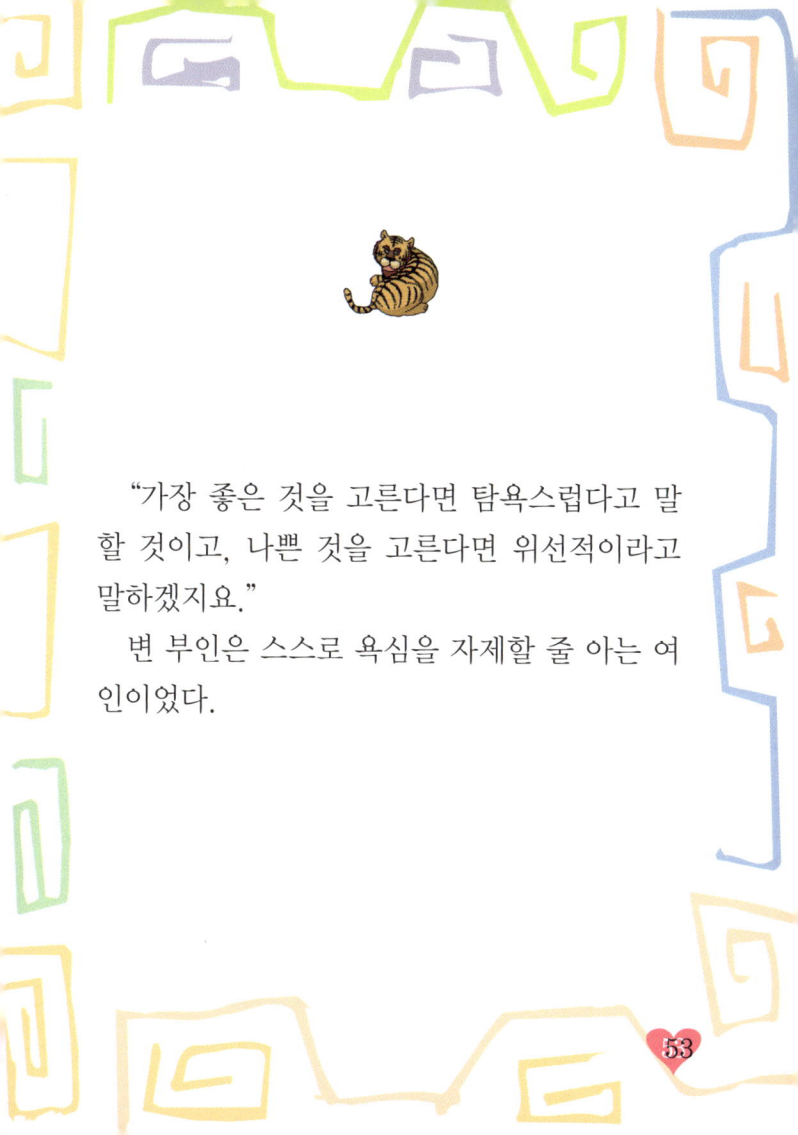

 "가장 좋은 것을 고른다면 탐욕스럽다고 말할 것이고, 나쁜 것을 고른다면 위선적이라고 말하겠지요."
 변 부인은 스스로 욕심을 자제할 줄 아는 여인이었다.

사랑에 빠진 사자

사자가 예쁜 아가씨를 사랑하게 되었다. 사자는 아가씨의 부모를 찾아가서 정중하게 청혼을 했다.

"정말 아가씨를 사랑합니다. 부디 저랑 결혼하게 해 주세요."

아가씨의 아버지가 사자에게 말했다.

"당신처럼 위대한 사위를 맞는다면 우리는 정말 좋겠군요. 하지만 당신의 날카로운 발톱과 커다란 이빨이 우리 딸을 해치지 않을까 걱정입니다. 사자님이 발톱과 이빨을 뽑는다면

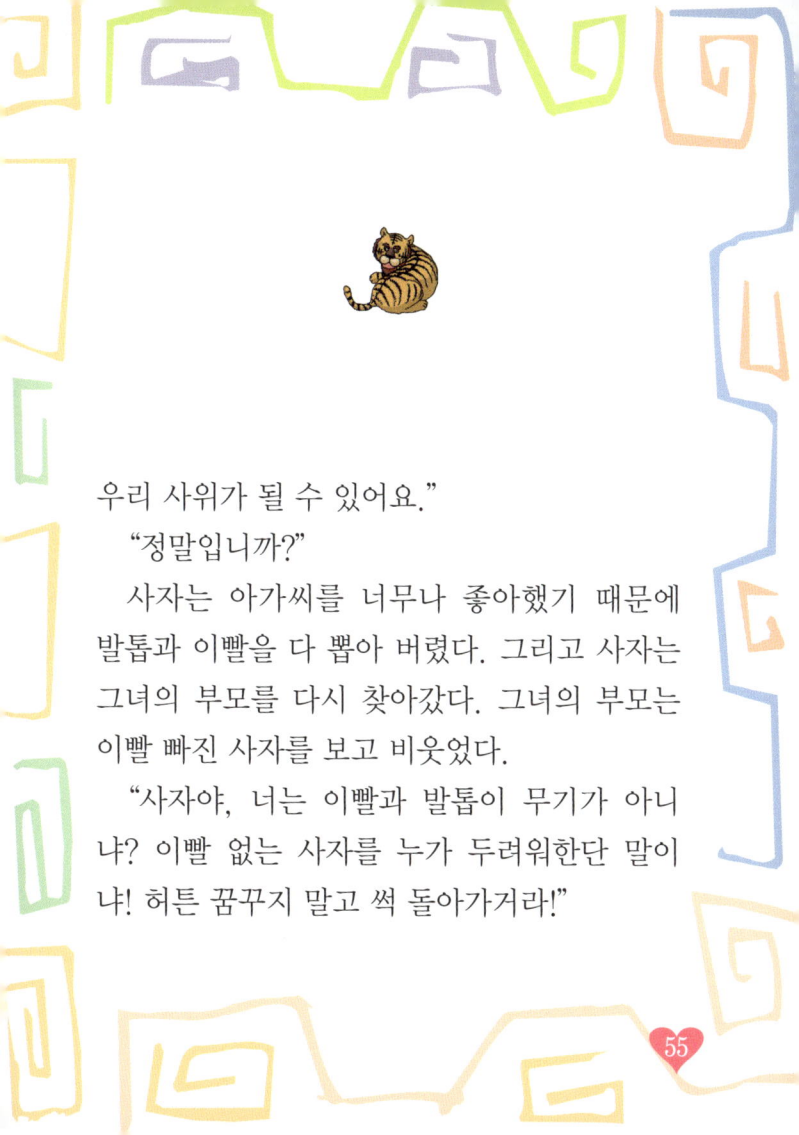

우리 사위가 될 수 있어요."

"정말입니까?"

사자는 아가씨를 너무나 좋아했기 때문에 발톱과 이빨을 다 뽑아 버렸다. 그리고 사자는 그녀의 부모를 다시 찾아갔다. 그녀의 부모는 이빨 빠진 사자를 보고 비웃었다.

"사자야, 너는 이빨과 발톱이 무기가 아니냐? 이빨 없는 사자를 누가 두려워한단 말이냐! 허튼 꿈꾸지 말고 썩 돌아가거라!"

벼룩

아버지가 아들에게 수수께끼를 냈다.
"한 마리가 있어도 56마리가 있고, 10마리가 있어도 56마리가 있다. 그것이 무엇일까?"
아들은 금시초문의 수수께끼를 듣고는 고개를 갸웃거렸다.
"56마리라니? 무엇이 많다는 건데 무엇일까?"
한참 후에 아버지는 "벼룩"이라고 하였다.
"벼룩요? 벼룩과 56과 무슨 관계가 있나요?"

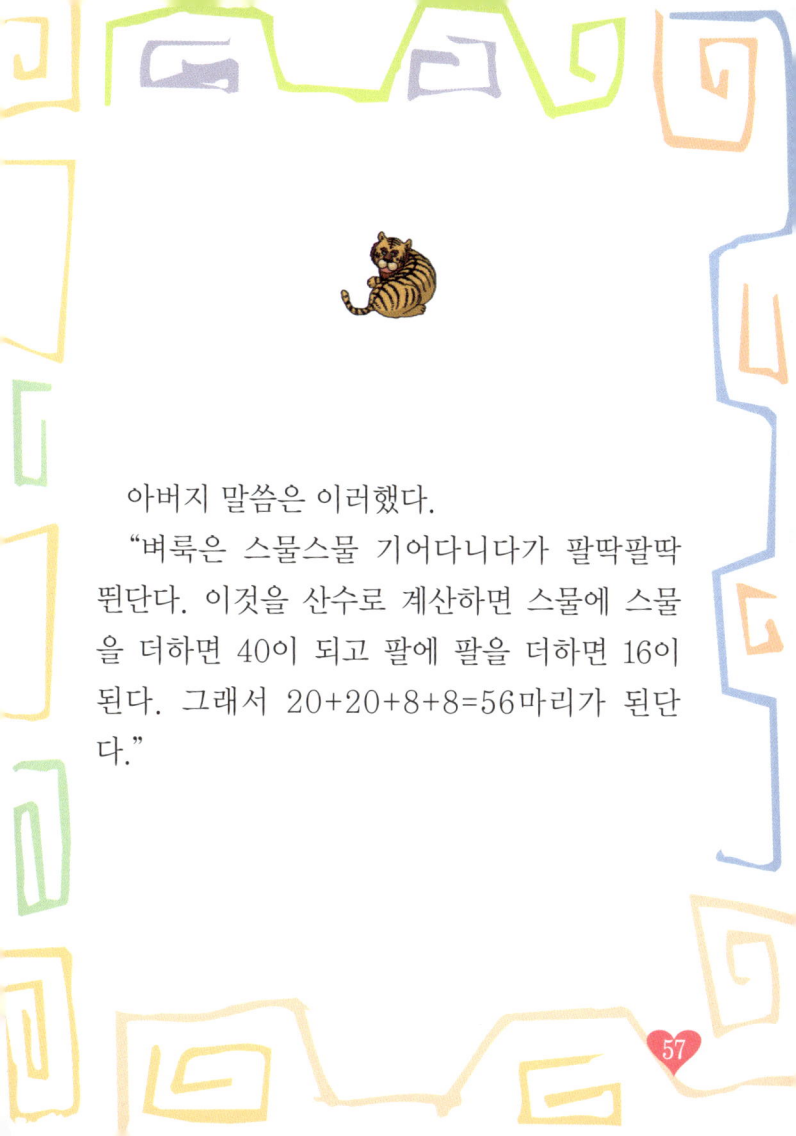

아버지 말씀은 이러했다.

"벼룩은 스물스물 기어다니다가 팔딱팔딱 뛴단다. 이것을 산수로 계산하면 스물에 스물을 더하면 40이 되고 팔에 팔을 더하면 16이 된다. 그래서 20+20+8+8=56마리가 된단다."

나이팅게일과 공작새

하루는 공작새가 여신에게 불평을 했다.
"여신님, 저는 제 목소리가 너무너무 싫어요. 나이팅게일은 예쁘진 않지만 모두들 그 목소리를 좋아해요. 저도 예쁜 목소리가 갖고 싶어요. 제게도 예쁜 목소리를 주세요."

여신은 욕심 많은 공작새에게 화를 내며 말했다.

"공작새야, 너는 아름다운 깃털로 사람들의 눈을 즐겁게 하지 않느냐? 이 세상에 모든 재능을 다 갖고 있는 동물은 없다. 우리 신은 너

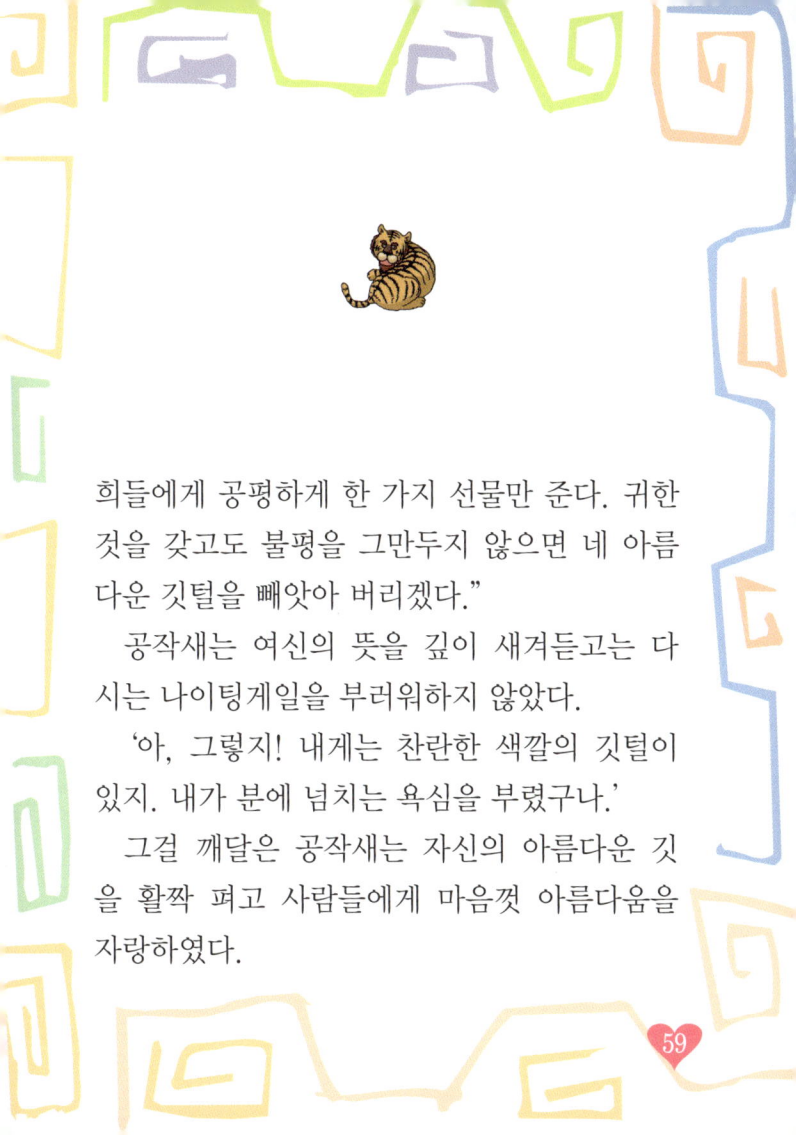

희들에게 공평하게 한 가지 선물만 준다. 귀한 것을 갖고도 불평을 그만두지 않으면 네 아름다운 깃털을 빼앗아 버리겠다."

공작새는 여신의 뜻을 깊이 새겨듣고는 다시는 나이팅게일을 부러워하지 않았다.

'아, 그렇지! 내게는 찬란한 색깔의 깃털이 있지. 내가 분에 넘치는 욕심을 부렸구나.'

그걸 깨달은 공작새는 자신의 아름다운 깃을 활짝 펴고 사람들에게 마음껏 아름다움을 자랑하였다.

소크라테스의 탈옥

　소크라테스는 국가의 여러 신을 믿지 않고 젊은이들을 선동했다는 이유로 사형 언도를 받고 감옥 속에서 집행 날짜를 기다리고 있었다.
　그 때 옥문 밖에서 젊은이들이 나타났다.
　"선생님! 저희가 선생님을 구하러 왔어요."
　"아니다, 나는 여기가 더 좋은데…."
　"안 됩니다, 선생님!"
　그러나 젊은이들은 옥문을 부수고 스승을 구출해 냈다.
　강제로 말에 태우고 한참을 가다가 뒤를 돌

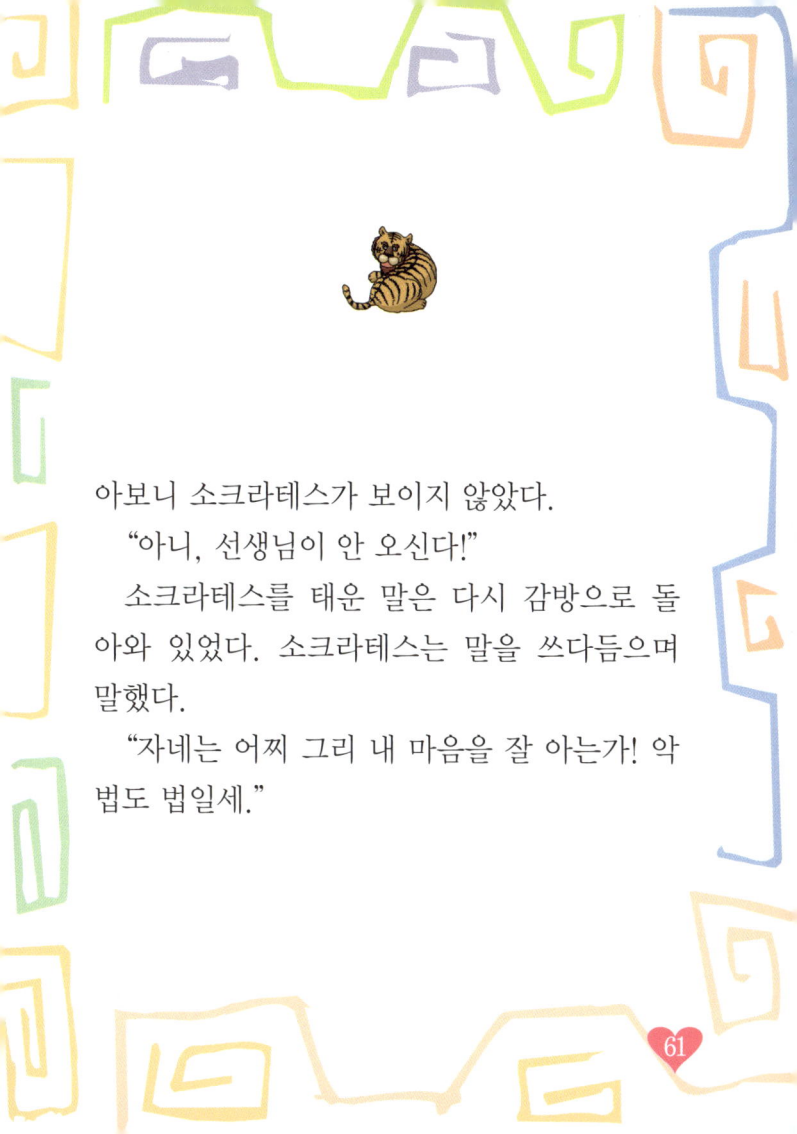

아보니 소크라테스가 보이지 않았다.
 "아니, 선생님이 안 오신다!"
 소크라테스를 태운 말은 다시 감방으로 돌아와 있었다. 소크라테스는 말을 쓰다듬으며 말했다.
 "자네는 어찌 그리 내 마음을 잘 아는가! 악법도 법일세."

장수의 비결

어느 왕이 그 나라의 명의를 모아 놓고 명령을 내렸다.
"건강하고 오래 사는 비법을 책으로 담아 오라."
의사들은 수년간 심혈을 기울여 '건강과 장수의 비결'이라고 해서 1만 쪽의 책을 만들어 왕에게 바쳤다.
"어허! 1만 쪽이나 되는 책을 내가 언제 다 읽는단 말인고! 줄여 오도록 해라."
왕은 책의 분량이 많으므로 요약해서 다시

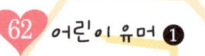

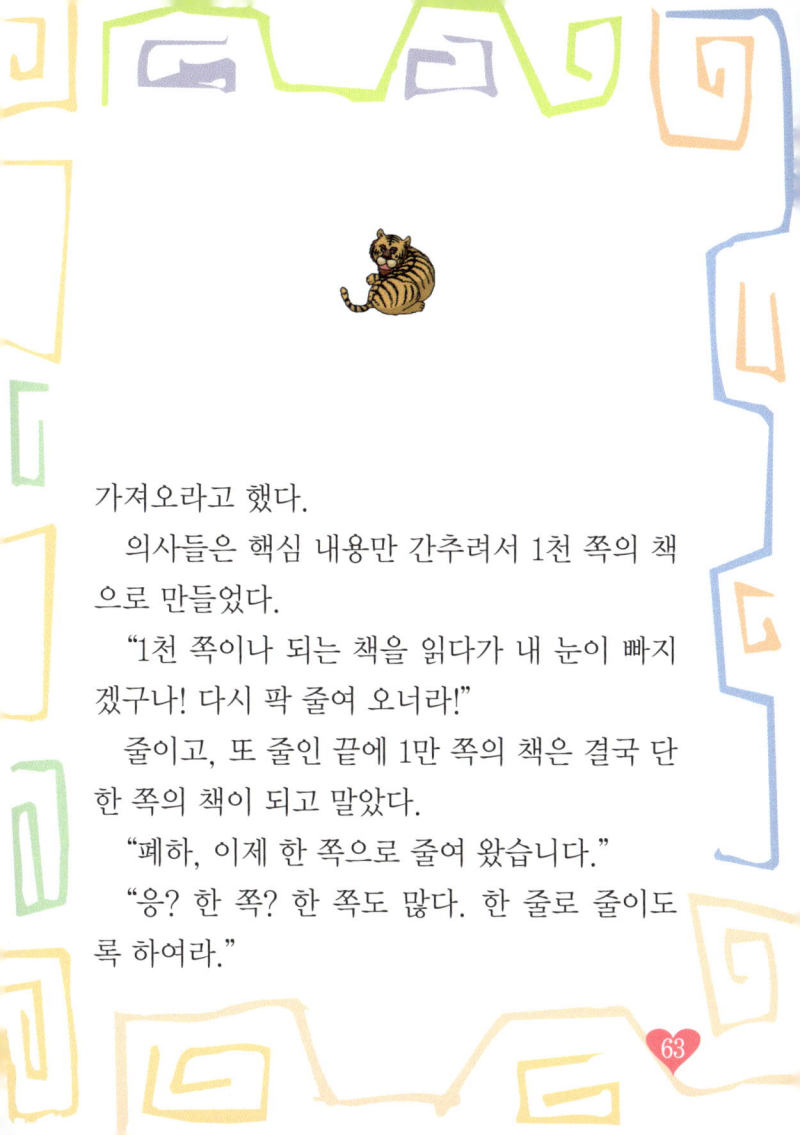

가져오라고 했다.

의사들은 핵심 내용만 간추려서 1천 쪽의 책으로 만들었다.

"1천 쪽이나 되는 책을 읽다가 내 눈이 빠지겠구나! 다시 팍 줄여 오너라!"

줄이고, 또 줄인 끝에 1만 쪽의 책은 결국 단 한 쪽의 책이 되고 말았다.

"폐하, 이제 한 쪽으로 줄여 왔습니다."

"응? 한 쪽? 한 쪽도 많다. 한 줄로 줄이도록 하여라."

　왕의 질책을 받은 의사들은 드디어 사자성어(四字成語)를 만들었다.
"폐하, 단 한 줄로 줄였사옵니다."
"좋아, 장수의 비법이 무엇이냐?"
"네, '소식다동(小食多動;적게 먹고 많이 움직여라)' 입니다."
　그제야 왕은 흡족해했다.

무식해야 장수한다

　조조가 저녁을 먹으면서 닭갈비를 뜯고 있었다. 이 때 참모장이 들어와서 물었다.
　"승상, 오늘 밤의 암호를 무엇으로 정할까요?"
　조조는 살도 붙지 않은 갈비를 뜯던 중이라 짜증스럽게 "닭갈비"라고 대답했다.
　그날 밤 유식한 병사가 근무를 서려고 달려가는데 아군 초병이 외쳤다.
　"정지! 암호!"
　그러자 유식한 병사가 빨리 두뇌를 회전하

여 암호를 떠올려서 "계륵(鷄肋)" 하고 대답했다. 무식한 초병은 암호가 다르다는 것을 알고 다시 한 번 외쳤다.

"손들어! 움직이면 쏜다, 암호!"

그러자 유식한 병사가 큰 소리로 "계륵" 하고 반복했다.

'이놈! 우리의 암호를 모르다니 간첩이구나.'

수상하게 여긴 초병이 적으로 판단하고 활줄을 놓아 버렸다. 계륵이 곧 닭갈비인 것을

그는 몰랐던 것이다. 조조가 이 일을 보고받고 한 마디 했다.
 "쯧쯧, 세상은 무식해야 오래 사는 거야."

머리가 둘 달린 사람

두 개의 머리와 하나의 몸뚱이를 가진 아이가 태어났다. 이 아이를 두고 두 사람으로 생각하느냐, 한 사람으로 생각하느냐 하는 문제를 놓고 논쟁이 벌어졌다.

"말도 안 되는 소리! 머리가 둘이니 당연히 두 사람이지요."

"아니오, 몸뚱이가 하나잖소? 한 사람으로 생각해야 합니다."

의견이 팽팽히 맞서며 결론이 쉽게 나지 않았다.

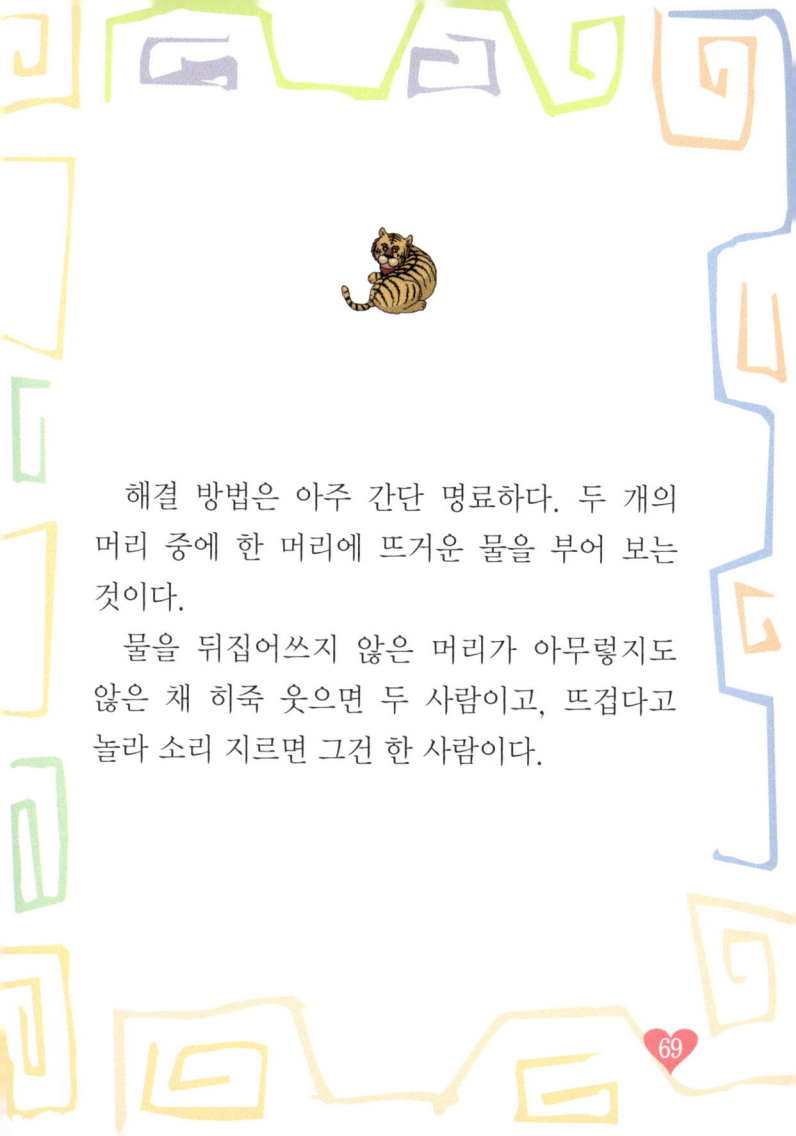

 해결 방법은 아주 간단 명료하다. 두 개의 머리 중에 한 머리에 뜨거운 물을 부어 보는 것이다.

 물을 뒤집어쓰지 않은 머리가 아무렇지도 않은 채 히죽 웃으면 두 사람이고, 뜨겁다고 놀라 소리 지르면 그건 한 사람이다.

기지(機智)

일본 중세기의 봉건 영주를 '도노사마'라고 한다.

어느 '도노사마'가 자기의 명령을 어긴 사무라이(무사;武士)의 목을 치려고 칼을 빼들었다.

"감히 내 명을 어기다니! 목을 내놓아라!"

그 때 사무라이가 말했다.

"도노사마, 지금 제 목뼈가 너무 딱딱합니다. 치기 어려우실 텐데 제가 목을 부드럽게 할 수 있도록 잠시 시간을 주십시오."

그리고는 그는 손으로 목을 부드럽게 쓰다

들었다.

"이제 되었습니다. 도노사마께 제 목을 바치는 것을 영광으로 생각합니다."

순간 도노사마는 울컥했던 마음이 가라앉고 부하의 의연한 모습에 감동되어 칼을 거두었다.

꼬마의 대답

툭하면 큰 소리로 야단을 일삼는 무서운 선생님이 어느 날 꼬마에게 질문을 했다.
"지구가 둥글다는데, 그걸 어떻게 알 수 있지? 어디 말해 봐!"
그러자 그 꼬마는 덜덜 떨면서 대답했다.
"아닙니다, 선생님. 전 그런 소리 한 적 없어요!"

무학 대사

하루는 이성계가 무학 대사에게 농담으로 이런 말을 던졌다.
"오늘 대사의 얼굴이 꼭 돼지같이 보입니다. 허허…"
무학 대사는 무안했고 대신들은 껄껄 웃었다. 그러나 무학 대사는 태연한 척하면서 이성계에게 말했다.
"예, 잘 보셨습니다. 소승의 눈에는 상감마마가 부처님같이 보이십니다."
이성계가 의아한 듯 무학을 바라보며 물었

다.

"아니, 나는 대사를 돼지 같다고 했는데 어찌 무학은 과인을 부처 같다고 하는 거요?"

무학 대사가 말했다.

"부처의 눈으로 보면 모두가 부처로 보이고, 돼지의 눈으로 보면 모두가 돼지로 보이는 것입니다."

이성계는 기분이 상했지만 여유 있게 웃고 말았다.

철학하는 이유

소크라테스의 아내 크산티페는 악처로 이름 났지만 자신은 불평 불만이 많았다.

남편이라는 자가 돈 한 푼 벌지 않고 바보 같은 소리만 하고 있으니까 너무나 미워서 항상 그를 들들 볶아댔다.

어느 날 어떤 사람이 소크라테스에게 물었다.

"어쩌다 저런 부인과 결혼하셨소?"

그러자 소크라테스가 대답했다.

"말 타는 기술을 익히고자 하는 사람은 일부

러 사나운 말을 골라서 탑니다. 사나운 말을 다룰 줄 알게 되면 다른 말은 다루기가 쉬운 일이거든요. 내가 이 여자를 견뎌낼 수 있다면 천하에 상대하기 어려운 사람이란 없을 게 아닙니까?"

한번은 그의 아내가 욕설을 퍼부은 후에 소크라테스의 머리 위에 물을 뒤집어씌우자 소크라테스가 태연히 말했다.

"천둥이 친 다음에는 으레 큰 비가 쏟아지기 마련이지."

술꾼의 걱정

　초등 학생이 길을 가는데 술에 취한 어떤 아저씨가 한쪽 다리는 도로를 따라, 다른 한쪽 다리는 하수구 도랑을 따라 걷고 있었다.
　이상하게 생각한 초등 학생이 그 사람에게 다가가서 물었다.
　"아저씨, 왜 한쪽 다리를 도랑에 넣고 걸으세요?"
　그러자 술에 취한 아저씨가 대답했다.
　"내가 지금 그렇게 걷고 있냐?"
　"그럼요, 왜 그러세요?"

　초등 학생의 말을 들은 술꾼은 갑자기 환호성을 지르며 말했다.
　"감사합니다, 하나님! 저는 제 한쪽 다리가 짧아진 줄 알고 무척 걱정하고 있었지 뭡니까!"

기 도

 한 사람이 강가에 앉아 열심히 기도를 하고 있었다. 지나가던 나그네가 그 사람에게 다가가서 물어 보았다.
 "무슨 기도를 이렇게 열심히 하십니까?"
 그 사람이 말했다.
 "내 귀중한 보물이 강 속에 떨어져 버렸소. 신께 기도하면 모든 소원이 이루어지기 때문에 보물이 물 위에 떠오르도록 기도하고 있소."
 "그 보물이 떨어진 곳이 어디쯤 됩니까?"
 "내가 저 다리 한가운데에서 넘어졌는데 그

때 그만 내 소중한 보물이 굴러떨어졌소."

그러자 나그네가 옷을 벗고 강물 속으로 들어가서 강바닥을 헤맨 끝에 마침내 보물을 찾았다. 그리고 그것을 주인에게 돌려 주었다.

주인은 그 보물을 받아들고 보물을 찾아 주느라고 온몸이 물에 젖은 나그네에게는 한 마디 고맙다는 말도 없이 하늘을 향해 두 팔을 치켜들며 크게 말했다.

"오, 신이시여, 저의 보물을 돌려 주시어 감사합니다. 저의 기도를 받아 주시어 정말 감사

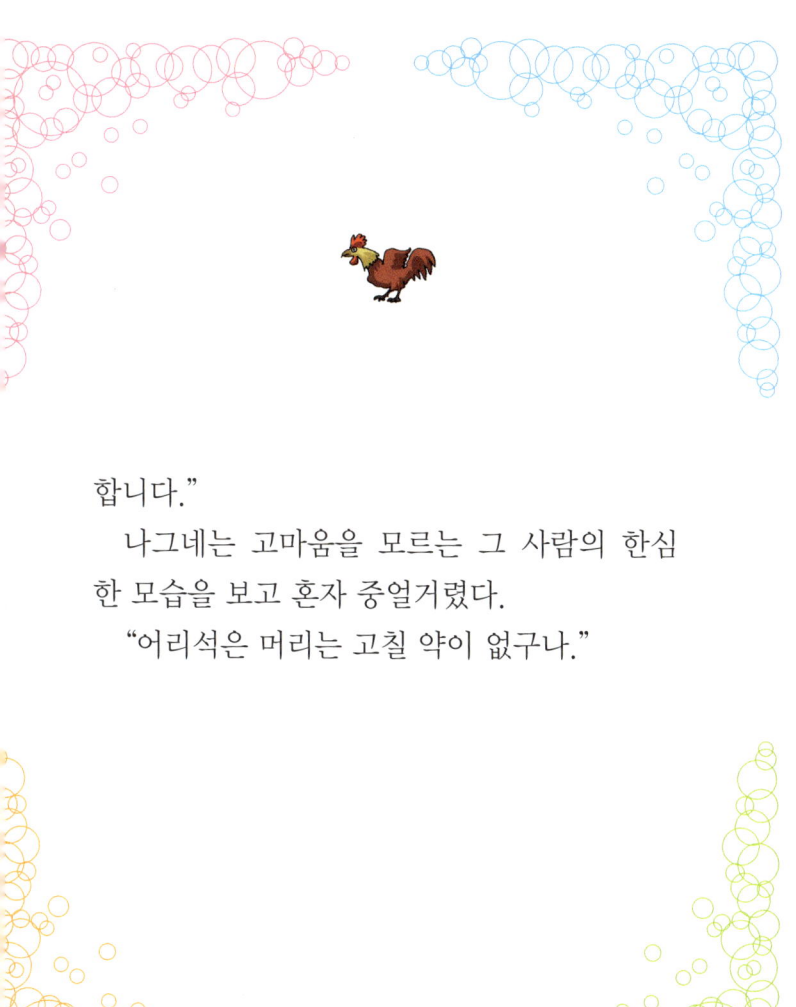

합니다."
　나그네는 고마움을 모르는 그 사람의 한심한 모습을 보고 혼자 중얼거렸다.
　"어리석은 머리는 고칠 약이 없구나."

절굿공이를 갈다

중국의 대표적인 시인 이백〔李白;자는 태백(太白)〕이 소년 시절에 학업에 싫증을 느끼고 중도에서 모든 것을 집어던지고 고향으로 돌아가는 길이었다.

귀향길에 오른 소년이 길을 재촉하는데 한 곳에서 어떤 노파가 쇠 절굿공이를 숫돌에 열심히 갈고 있는 것을 보았다.

소년은 하도 이상해서 노파에게 물었다.

"쇠 절굿공이를 갈아 무얼 만들려고 하시는 건가요?"

"바늘을 만들려고 갈고 있어."

노파의 말에 이백은 큰 충격을 받았다. 도대체 어느 세월에 쇠 절굿공이를 갈아서 바늘을 만든단 말인가?!

'아, 나의 인내심이 부족했구나!'

이백은 그 자리에서 발길을 되돌려 마침내 학업을 마쳤다고 한다.

무엇을 하든 꾸준한 노력과 시간을 갖고 갈고 닦아 나가면 드디어 원하는 바를 성취하게 되는 법이다.

욕설의 선물

 한 사람이 석가모니에게 마구 욕설을 퍼부었다. 석가모니는 아무 대꾸도 하지 않고 묵묵히 있다가 그의 욕설이 끝나자 조용히 말했다.
 "한 가지 당신에게 묻겠습니다. 당신이 어떤 사람에게 선물을 하려는데, 상대방이 그것을 안 받았다고 하면 그 선물은 누구의 것이겠습니까?"
 당연한 걸 묻는다는 표정으로 그 사람이 대답했다.
 "아, 그거야 상대방이 안 받았으니까 당연히

주려던 사람의 물건이죠."

　석가모니가 웃음을 머금고 말했다.

　"당신도 그렇게 생각하지요? 지금 당신이 나에게 욕설을 퍼부었는데 내가 그것을 받지 않았습니다. 그러니 그 욕설은 당연히 당신의 것이 되겠네요."

멋진 반격

수의사 출신인 정치 초년생이 국회 의원 선거에 출마했다. 그런데 경쟁 상대는 3선에 빛나는 현역 의원이었다.

합동 유세장에서 수의사 출신 후보가 막 연설을 끝마치고 단상에서 물러나려 할 때, 상대 후보가 많은 사람들 앞에서 그의 어깨를 툭 치며 말했다.

"당신, 수의사 출신이지? 가축들 병이나 고칠 것이지 무슨 정치를 한다고 여길 왔어?"

상대 후보의 예상치 못한 돌출 행동이었다.

자칫 대중들 앞에서 우물쭈물했다가는 득표에 치명적인 손상을 입을 판이었다.

청중들은 흥미진진하게 정치 초년생의 반응을 살폈다.

그러자 수의사 출신 후보가 침착한 어조로 이렇게 말했다.

"왜요, 어디 아프세요?"

아버지의 유산

어느 노인이 죽기 전에 세 아들을 불러 놓고 유언을 남겼다.

"내 재산을 가장 현명한 아들에게 물려 주고 싶다. 동전 한 닢으로 이 방 속을 모두 채우는 사람한테 재산을 물려 주마."

세 아들은 아버지의 유산을 물려받기 위해 각각 지혜를 짜냈다.

첫째 아들은 생각 끝에 짚을 샀지만 방 안 중간만 채울 수 있었다.

둘째 아들은 깃털 뭉치를 샀지만 방을 채울

수는 없었다.
 셋째 아들은 작은 물건을 하나 샀다.
 그것은 양초였다. 양초에 불을 붙여 방 안을 빛으로 가득 채웠다.
 "아, 온 방 안이 빛으로 가득하구나!"
 첫째와 둘째는 감탄을 그치지 못했고, 셋째가 아버지의 재산을 물려받았다.

소원 말하기

어떤 마을에 위대한 음악가가 되기를 꿈꾸는 사람과, 유명한 배우가 되기를 꿈꾸는 사람과, 최고의 권력을 꿈꾸는 사람, 이렇게 셋이 서로 라이벌 관계로 살고 있었다.

그런데, 마을 입구에는 자신의 소원을 과거형으로 말하면 그 소원을 들어 주는 커다란 신기한 바위가 있었다.

먼저 위대한 음악가가 되기를 꿈꾸는 사람이 바위 앞에 무릎을 꿇고 말했다.

"저는 모차르트처럼 위대한 음악가가 되었

습니다."

그러자 그는 위대한 음악가가 되었다.

그 소식을 전해들은 유명한 배우가 되기를 꿈꾸는 사람은 다음 날 즉시 바위 앞으로 달려가 말했다.

"저는 브래드 피트보다도 더 유명한 배우가 되었습니다."

그러자 그도 유명한 배우가 되었다.

음악가와 배우의 소식을 들은, 최고의 권력을 꿈꾸는 사람은 이제 한시도 지체할 수가 없

었다. 그래서 그는 당장 바위 앞으로 달려가서 소리 높여 외쳤다.

"나는 루이 14세와 같은 최고의 권력자가 되고 싶소!"

그러나 한참을 기다려도 웬일인지 아무런 변화가 없었다. 조급해진 그는 바위를 향해 버럭 소리를 질렀다.

"이게 뭐야? 나만 바보 됐잖아!"

그러자 그는 즉시 바보가 되었고, 마을은 제법 평온해졌다.

노인과 신호등

붉은 신호등이 켜져 있는 횡단 보도 앞에서 한 노인이 푸른 신호등이 켜지기를 기다리며 우두커니 서 있었다. 그 때 그 노인의 모습을 본 한 젊은이가 말했다.

"할아버지, 차가 지나다니지 않을 때는 그냥 지나가셔도 됩니다."

그러자 노인이 말했다.

"젊은이, 정말 고마워. 나도 그러고 싶네만 나의 인내심을 흔들지 말았으면 좋겠구먼."

서로 다른 두 사람

잘난 체 잘 하는 사람이 말했다.
"나는 세상 사람들이 흔히 갖고 있는 그런 아집 같은 건 갖고 있지 않아요. 같은 일이라도 어떤 사람은 이렇게만, 또 어떤 사람은 저렇게 하지만, 나는 어느 쪽이든지 모두 다 할 수 있어요."
그러자 비평 잘 하는 사람이 말했다.
"그래요? 그럼 당신은 어느 손으로 커피를 젓지요?"
"어떤 때는 오른손으로 젓고, 또 어떤 때는

왼손으로 젓지요. 그런 건 내게 문제가 되질 않아요. 융통성의 문제 아닌가요?"

그러자 비평 잘 하는 사람이 말했다.

"당신은 정말 특이한 사람이군요. 대부분의 사람들은 티스푼으로 젓는데…"

예술적인 의자

 신축한 백화점 마당에 예술성이 넘치는 의자가 설치되어 있었다.
 의자가 길게 타원형으로 연결되어 있고 의자의 높낮이가 제각기 달라서 마치 물결치는 파도를 보는 듯했고, 의자의 중심에는 작은 바위섬이 있고 여러 개의 분수도 솟아올라 있다.
 한 방송사 기자가 그 의자를 설계한 디자이너에게 질문했다.
 "이런 예술 디자인들은 어디서 영감을 받았나요?"

그러자 디자이너가 대답했다.
"백화점 사장님으로부터 받았지요."
기자는 백화점 사장님이 혹 유명한 예술가가 아닌가 하여 기대에 찬 목소리로 물었다.
"백화점 사장님이 무슨 말씀을 하셨나요?"
그러자 갑자기 디자이너가 머뭇거리더니,
"이런 말은 방송에 나가면 안 좋은데…, 그러니까 의자 위에서 노숙자가 절대로 잠잘 수 없는 의자를 주문했거든요."

회덮밥

 어떤 사람이 식당에 들어가서 회덮밥을 주문했다. 그런데 나온 음식을 보니 회덮밥에 생선회가 하나도 보이지 않았다.
 '아니, 회덮밥에 회가 하나도 없다니, 이게 무슨 회덮밥이야? 이거 혹시 음식이 바뀐 게 아닐까?'
 손님은 주인을 불러 물어 보았다.
 "주인 양반, 우리가 주문한 음식이 바뀌었나 봅니다."
 "네? 무얼 주문하셨는데요?"

 "네, 회덮밥을 주문했는데요. 회덮밥에 눈을 씻고 보아도 회가 보이지 않네요. 어찌 된 겁니까?"

 그러자 주인이 심드렁한 표정으로 이렇게 대답했다.

 "손님도 참 답답하셔. 아니, 붕어빵 속에 붕어가 들어 있나요? 폭탄 세일 하는 집에 폭탄 팝디까?"

두 얼굴

링컨은 얼굴이 각진 턱과 턱수염을 기른 외모로 종종 정치적인 공격을 받았다.
한번은 의회에서 한 야당 의원으로부터 인신 공격을 받았다.
"당신은 부도덕한데다 두 얼굴을 가진 이중인격자요."
그러자 링컨은 이렇게 말했다.
"당신 말대로, 만일 나한테 얼굴이 두 개라면 이런 중요한 자리에서 하필 못생긴 얼굴을 갖고 나왔겠습니까?"

　여유 있게 받아넘기는 그의 태도에 장내는 웃음과 박수가 함께 터져 나왔다.

처량한 두 노인

 전에는 제법 부귀를 누렸지만, 이제는 처량한 처지가 되고 만 두 노인이 공원의 벤치에 앉아 서로 자신들의 신세를 한탄하고 있었다.
 먼저 한 노인이 입을 열었다.
 "나는 누가 충고를 해도 귀를 기울이지 않다 보니 이 꼴이 되었다우."
 그러자 상대편 노인이 응수했다.
 "제기랄, 나는 남의 말만 듣다 보니 이 꼴이 되었지 뭐유!"

시저의 배짱

호마의 황제 시저가 한때 해적들에게 붙잡힌 적이 있었다.
"너희들이 살고 싶으면 목숨값을 내라!"
"얼마를 원하는가?"
시저가 해적에게 물었다.
"흠, 너는 인질값으로 20달란트는 받아야겠다."
그러자 시저가 버럭 화를 내면서 고함을 쳤다.
"나를 어떻게 보는가? 섣불리 평가하지 말

라. 200달란트를 주마."
 시저는 곧 사람을 보내 약속한 돈을 지불했다. 그러고는 풀려 나와 자유의 몸이 되자마자 시저는 해적들을 모두 소탕해 버렸다.

양주동 박사

 자칭 '국보'라고 부르던 우리나라 사람인 양주동 박사 이야기이다.
 어버이날을 기념하는 웅변 대회가 개최되었는데 그 때 양주동 박사가 그 대회의 심사 위원장으로 단상에 오르게 되었다.
 "여러분! 내가 그 유명한 양주동 박사올시다."
 그러자 장내는 폭소가 터졌다.
 "사실 내가 유명한 것은 다름이 아니라 '어머님 은혜'라는 노래 작사를 내가 했으니, 오

늘 어버이날만큼은 내가 좀 유명해져도 괜찮지 않습니까?"

또, 모 대학에서 초청 강연을 끝내고 학생들과 이야기를 나누던 자리에서 어느 학생이 박사에게 말했다.

"박사님, 강연을 잘 들었습니다. 그런데 그 이야기는 지난번에 하신 강연과 똑같은 것 같은데요?"

양주동 박사는 초청 강연을 많이 했기 때문에 어디서 무슨 말을 했는지 몰라 착각을 일으

켰던 모양이다.
 그러나 그는 유머로 슬쩍 비켜 갔다.
 "이 사람아, 소 뼈다귀도 두 번은 우려먹는데, 국보 양주동이의 명 강의를 두 번 들었기로서니…"
 양주동 박사의 강의 시간에는 넓은 강의실에 마이크를 설치하고 흥미 있는 강의를 들으려고 교실에 학생들이 가득 찼다.
 교실뿐만 아니고 골마루에도 앉아서 강의를 들었다.

"내가 정직하게 강의를 한다면 학생들이 절반도 안 와요."
솔직한 양주동 박사의 말이다.

추위도 정도

북극 탐험가가 남극 탐험가에게 말했다.
"우리가 북극 지방에 도착했을 때 말이야, 추위가 얼마나 지독한지 촛불이 얼어서 아무리 불어도 꺼지질 않더군!"
그러자 남극 탐험가가 응수했다.
"그건 아무것도 아냐, 우리가 갔던 남극 지방에서는 입으로 내뱉는 말이 모두 얼음 조각이 되어서 튀어나오는데, 그걸 프라이팬에 녹이지 않고서는 무슨 말인지 전혀 알아들을 수가 없더라구!"

술 생각

망치와 정을 들고 열심히 돌을 깎고 있는 석공에게 한 나그네가 다가와서 길을 물었다.

"말 좀 물어 봅시다. 여기서 기차 역까지 얼마나 걸립니까?"

"글쎄요, 어제까지는 2시간 걸렸지만 오늘부턴 30분이면 충분할 거요."

하루 사이에 시간을 그렇게 단축할 수 있다니 믿어지지 않았다.

"허, 그건 왜 그런가요? 지름길이라도 생겼나요?"

"아뇨, 도중에 술집이 있었지만 간밤에 불이 나서 타 버렸소."

수학의 천재

선생님이 학생들에게 이런 질문을 했다.
"1부터 100까지를 모두 합하면 얼마일까요?"
학생들이 이 문제를 풀 동안 선생은 한동안 쉴 수 있을 거라고 생각했다. 하지만 한 소년이 그의 기대를 무너뜨렸다.
"선생님, 답은 5050입니다."
소년은 잠깐 사이에 답을 알아냈다. 선생님은 깜짝 놀랐다.
"어떻게 그것을 해냈니?"

   소년은 칠판에 다음과 같이 방법을 보여 주었다.

   1+100=101

   2+99=101

   3+97=101

   ———————

   50+51=101

   총합은 $50 \times 101 = 5050$

   소년은 숫자 하나하나를 더하지 않고 1에서

100까지의 전체의 수를 바라보면서 문제를 풀었던 것이다.

 그 소년의 이름은 칼 프리드리히 가우스였다. 그는 자라서 대수·기하학·해석학 등 여러 방면에 걸쳐서 뛰어난 업적을 이룩한 독일의 수학자가 되었다.

 19세기 최고의 수학자였다.

역사상 최장수자

역사상 최장수자는 영국의 올드파(Oldpa)로, 그는 150세까지 살았다.

그는 키가 작은 남자로 평소 소식(小食)을 하고 활동을 많이 했는데, 하루는 여왕의 생일잔치에 초대되어 과식을 한 것이 탈이 나서 죽었다고 한다.

노후에 건강하게 살다가 죽는 일이 복 중의 천복(天福)이라고 한다.

감사 기도

　명예 퇴직 후, 조그만 가게를 차린 50대 남자가 하나님께 간절히 기도를 드렸다.
　"하나님, 가게에서 하루에 2백만원씩 벌게 해 주시면 그 중 1백만원은 하나님께 바치겠습니다."
　다음 날 그는 1백만 원을 벌었다. 그러자 그 남자는 너무 기뻐서 하나님께 이렇게 감사 기도를 드렸다.
　"정말 대단하십니다. 하나님, 먼저 주님의 몫을 떼어 놓고 주시다니요!"

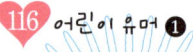

소가죽을 깔아라

어리석은 왕이 사냥을 나갔다가 울퉁불퉁한 자갈길에서 그만 잘못하여 넘어져서 발에 상처가 났다.

화가 난 임금은 발을 보호하기 위하여 명령을 내렸다.

"당장 온 나라의 길이란 길에 모두 부드러운 소가죽을 깔아라!"

그 때 현명한 신하 한 사람이 황급히 달려와 말했다.

"대왕 마마, 발을 보호하려면 작은 가죽 두

장이면 충분합니다. 가죽을 대왕 마마의 발에 붙이면 온 나라가 다 가죽 아래 있사옵니다. 통촉하여 주시옵소서."

"호, 그럴 법한 말이로군."

왕은 고개를 끄덕이며 자기의 발에 가죽을 붙였다.

장모님

두 친구가 주고받고 이야기를 했다.
"자네, 영어 할 줄 아나?"
"하다뿐인가. 뭐든지 물어 보게 척척 대답할 테니까."
"아버지를 영어로 뭐라고 하나?"
"파더."
"아, 그래? 그럼 할아버지는?"
"그랜 파더."
"할머니는?"
"그랜 마더."

"정말 척척이군 그래?"

"암, 나보다 영어 잘 하는 사람 있으면 나와 보라고 그래"

"그럼 장모님은 뭐라고 하나?"

"장모라…, 장은 롱이고 모는 마더, 그러니까 롱 마더지."

"그것마저 알고 있었군."

장모의 '장'자는 '긴 장(長)'자가 아니라 '어른 장(丈)'자이다. 영어로 장모는 머더인로(mother in law)인데, 롱마더(long mother),

즉 '키다리 엄마'라고 했으니 어처구니없는 영어이다.

외팔이 선생

 어느 남자 고등 학교에 새로 부임한 여선생을 교장 선생님이 소개하는데, 학생들이 여선생의 미모를 두고 소란을 피우는 바람에 제대로 말을 할 수가 없었다.
 그래서 학생들의 눈길을 집중시키기 위해 머리를 썼다.
 "여기 계신 선생님은 왼쪽 팔이 하나밖에 없습니다."
 그 순간 학생들은 물을 끼얹은 듯 조용해져서 모두가 여선생의 왼팔을 주목했다.

교장 선생님은 기침을 한 후에 말했다.
"오른쪽 팔도 하나밖에 없습니다."
그 때에야 학생들은 교장 선생님의 말에 속은 것을 알고 폭소를 터뜨렸다.
그로부터 학생들은 그 여선생의 별명을 외팔이 선생으로 불렀다.

억울한 죽음

달리는 버스가 바닷속으로 추락하여 많은 사상자가 났다.

그 중에서 가장 억울하게 죽은 네 사람이 뽑혔다.

첫 번째는 결혼식이 내일인 총각, 두 번째는 졸다가 한 정거장 더 오는 바람에 죽은 사람, 세 번째는 버스가 출발할 때 달려와서 간신히 탄 사람, 네 번째는 69번 버스를 96번으로 착각하고 탄 사람이다.

이 사고로 목이 부러진 사람은 명함도 못 내

민다.

 버스를 타고 보니 차비가 없어서 운전 기사한테 욕설을 바가지로 얻어먹고 차에서 쫓겨난 사람이 그 날의 행운아였다.

 무정위복(無情爲福)이다. 무정한 기사가 생명의 은인이었다.

칼국수

한 멍청하게 보이는 사람이 식당에서 칼국수를 젓가락으로 휘젓고 있었다. 주인이 의아하게 여겨 물었다.

"손님, 칼국수 안에 무엇을 빠뜨렸나요?"

손님이 말했다.

"아니요, 빠뜨린 게 아니라 칼을 찾고 있소. 칼국수 속에는 칼이 들어 있으니까 입 속에 들어가면 위험하지 않겠소?"

그 말을 들은 주인이 말했다.

"손님, 내가 이 곳에서 칼국수 장사를 3대로

하고 있는데, 칼국수 속에서 칼을 건져낸 사람은 한 사람도 없었소. 우리 집은 국수 맛을 내려고 칼로 썰어서 만들고 있소. 그래서 칼국수요."

그러자 손님이 다시 물었다.

"여보시오, 그럼 콩국수는 밀가루 반죽을 콩으로 썰어 만듭니까?"

"손님은 콩국수도 모르나요? 콩국수는 콩으로 써는 게 아니라 콩을 가루로 만들어서 그것을 밀가루 반죽에 약간 섞어 만든 국수를 말하

는 것이오."

그러자 그 손님은 이해가 간다는 듯한 표정으로 말하는 것이었다.

"그래요? 진작 잘 설명을 해 주셔야지, 나 같은 정직한 사람은 칼국수 속에 칼이 들어 있는 줄 알았소. 그런데 한 가지만 더 물어 보겠는데, 비빔 국수는 비빔밥을 가루로 만들어 그것을 반죽에 조금 섞어 만든 국수지요?"

저승에서 보답

 돈놀이를 하고 지내는 독한 영감님이 한 사람 있었다.
 하루는 아무래도 수금이 잘 되지 않으므로 채무자를 모두 불러 한 자리에 모았다.
 "당신들 형편도 딱한 줄은 알아! 그러니 없는 걸 내라고만 하면 되겠나. 이승에서는 아무래도 못 갚을 터이니 저승에서라도 가거든 꼭 갚게나. 그런데 자넨 어떻게 갚겠나?"
 "네, 고맙습니다. 전 저 세상에 가면 말이 되어서 평생 동안 영감님을 태워 드리겠습니다."

옆에 앉아 있던 사람이 이어서 말했다.
"네, 저도 저 세상에 가면 소가 되어서 평생 영감님네 밭을 공짜로 갈아 드리겠습니다."
"허허, 거참!"
매우 기분이 좋아진 영감은 여러 사람이 보는 앞에서 빚 문서를 모두 불살라 버렸다. 그러고는 옆을 돌아보면서 말했다.
"응, 참! 자네는 아직 아무런 말이 없었지! 자넨 어떻게 갚으려나?"
"네? 저 말입니까? 전 저승에 가서 영감님의

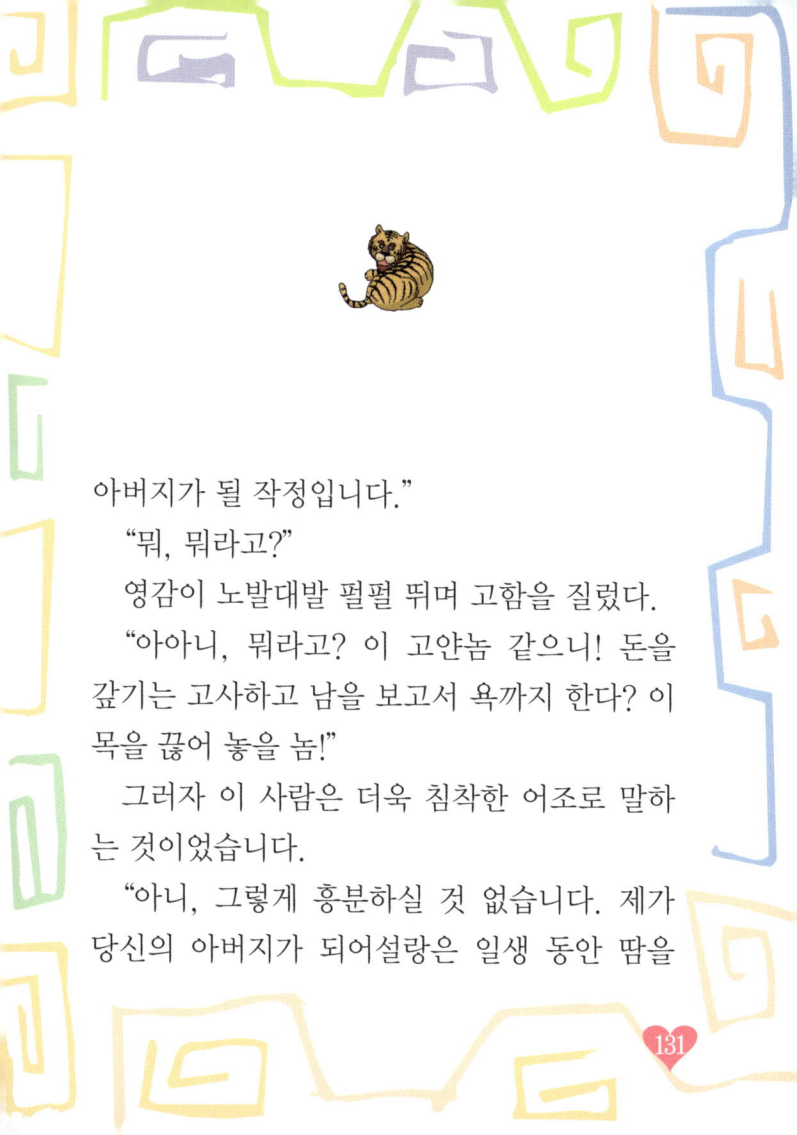

아버지가 될 작정입니다."

"뭐, 뭐라고?"

영감이 노발대발 펄펄 뛰며 고함을 질렀다.

"아아니, 뭐라고? 이 고얀놈 같으니! 돈을 갚기는 고사하고 남을 보고서 욕까지 한다? 이 목을 끊어 놓을 놈!"

그러자 이 사람은 더욱 침착한 어조로 말하는 것이었습니다.

"아니, 그렇게 흥분하실 것 없습니다. 제가 당신의 아버지가 되어설랑은 일생 동안 땀을

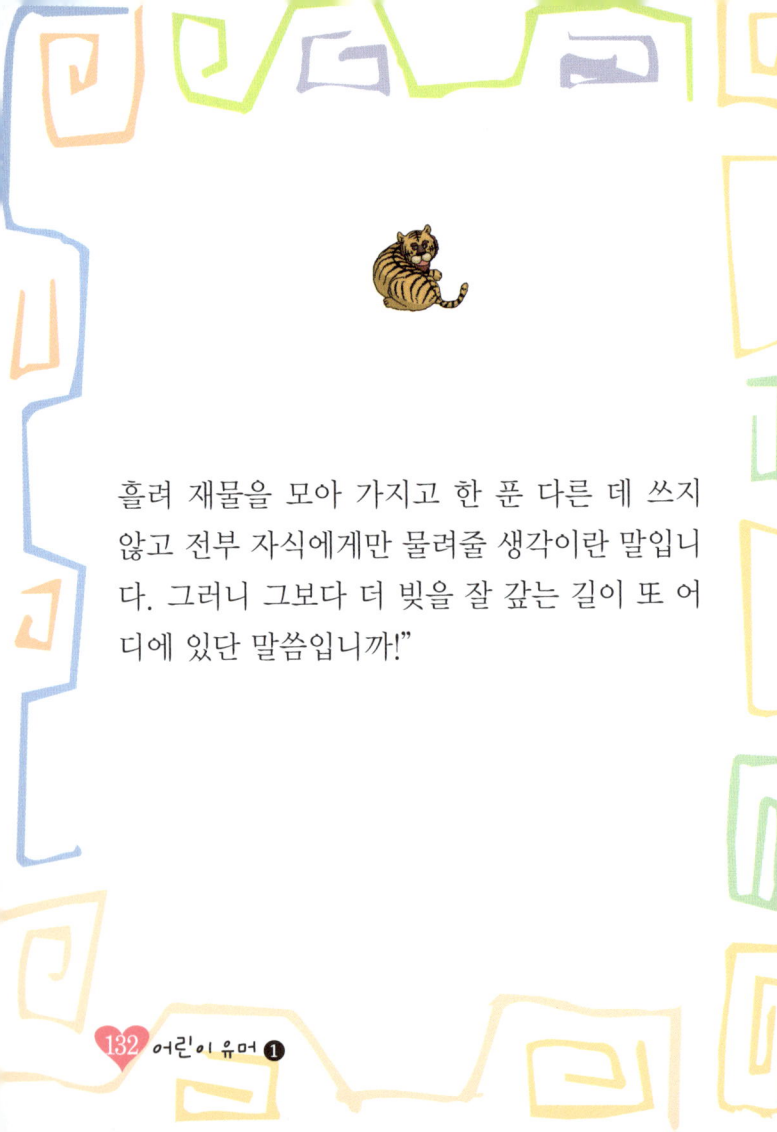

흘려 재물을 모아 가지고 한 푼 다른 데 쓰지 않고 전부 자식에게만 물려줄 생각이란 말입니다. 그러니 그보다 더 빚을 잘 갚는 길이 또 어디에 있단 말씀입니까!"

그렇다고 미실 것까지야

교회를 열심히 다니는 어떤 아가씨가 어느 일요일 아침에 늦잠을 자는 바람에 교회에 갈 시간이 늦었다.

그녀는 허둥지둥 옷을 갈아입고 집을 나와, 교회로 뛰어가면서 계속 중얼거렸다.

"하나님, 제발 늦지 않게 해 주세요. 하나님, 제발 늦지 않게 해 주세요!"

겨우 교회에 도착한 그녀는 계단을 뛰어 올라가다가 그만 넘어지고 말았다.

그러자 하늘을 올려다보며 항변조로 이렇게

말했다.
"하나님, 그렇다고 저를 미실 것까지는 없잖아요!"

사자와 여우

 사자와 나귀, 여우가 함께 사냥감을 찾아 나섰다.
 "우리가 서로 힘을 합치면 더 많이 잡을 수 있을 거야!"
 셋은 힘을 모아 수많은 짐승들을 사로잡았다. 사냥이 다 끝나자 사자가 말했다.
 "자, 이제 우리들이 잡은 사냥감을 각각의 몫으로 나눠 가질 시간이네. 나귀, 자네가 우리 셋 몫으로 한번 나누어 보게나."
 "그러지, 뭐 나누는 게 어려울 게 있나? 공

평하게 셋으로 나누면 되지."

나귀는 셋이 함께 잡았으므로 나눠 가지는 것도 똑같아야 한다고 생각했다. 그래서 사로잡은 짐승들을 정확히 세 몫으로 똑같이 나누었다.

그러자 사자는 몹시 화가 나서 나귀를 잡아먹어 버렸다.

그러고 나서 사자는 여우에게 다시 사냥감을 나누어 보라고 했다.

여우는 자기 몫으로 아주 조금만 나누고 나

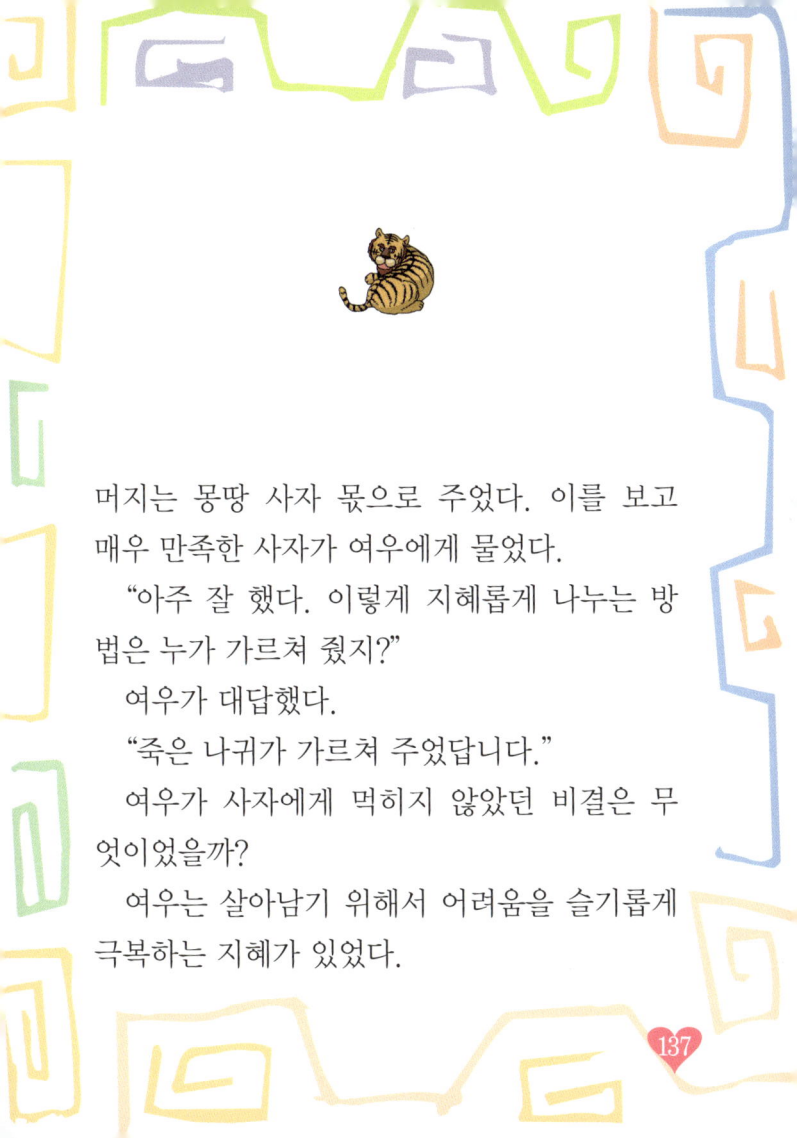

머지는 몽땅 사자 몫으로 주었다. 이를 보고 매우 만족한 사자가 여우에게 물었다.

"아주 잘 했다. 이렇게 지혜롭게 나누는 방법은 누가 가르쳐 줬지?"

여우가 대답했다.

"죽은 나귀가 가르쳐 주었답니다."

여우가 사자에게 먹히지 않았던 비결은 무엇이었을까?

여우는 살아남기 위해서 어려움을 슬기롭게 극복하는 지혜가 있었다.

히틀러의 죽음

히틀러가 어느 날 점쟁이에게 물었다.
"내가 언제 죽을지 정확하게 맞춰 보아라."
점쟁이는 수정 구슬을 들여다보며 말했다.
"유태인의 축제날 세상을 떠날 것입니다."
자신만만한 목소리에 히틀러가 놀라며 반문하였다.
"허어, 어떻게 그것을 알지?"
그러자 점쟁이가 대답하였다.
"네, 언제든 총통께서 돌아가시는 그 날은 유태인의 축제일이 될 테니까요."

목사와 할아버지

 어떤 목사가 다른 교회의 부흥회를 인도하기 위해 차를 몰고 낯선 도시에 갔다가 길을 잃었다. 그는 지나가는 노인을 붙잡고 물었다.
 "할아버지, 중앙 교회가 어디 있는지 아세요? 여기서 제일 큰 교회라고 들었는데…."
 "바로 뒤에 있잖소."
 "아, 그렇군요. 그런데 혹시 교회에 나가십니까?"
 "난, 교회를 싫어해요."
 "할아버지, 오늘 저녁에 시간 있으면 제 설

교 들으러 오세요. 제가 천국 가는 길을 가리켜 드릴게요."

그러자 할아버지는 멈췄던 걸음을 옮기면서 중얼거렸다.

"바로 뒤에 있는 교회도 모르는 양반이 천국 가는 길을 어떻게 알아?"

고려장

중국 한나라 시대 때 한 젊은이가 있었다. 그의 아버지는 젊은 아내의 꾐에 넘어가서 늙은 할머니를 산 속에 버리려고 했다.

"아버지, 그러시면 안 됩니다. 옳지 않으십니다."

젊은이는 아버지를 만류했으나 아버지는 아들의 말을 들은 체 만 체 바구니를 만들었다.

두 사람은 할머니를 바구니 속에 넣고 버리기 위해 깊은 산으로 들어갔다.

할머니를 숲 속에 내려놓은 다음, 젊은이가

빈 바구니를 가지고 돌아오려 하자 아버지가 말했다.

"쓸데없는 걸 왜 가지고 가느냐? 그런 것 이제 필요 없으니 버려라."

그러자 젊은이가 대답했다.

"이 바구니가 왜 쓸데없습니까? 필요하지요. 곧 아버지께서도 늙으실 텐데요."

거짓말쟁이

 어떤 남자가 길을 걷고 있는데 한 소년이 불렀다.
 "아저씨, 혹시 지금 1달러 떨어뜨리지 않으셨어요?"
 "내가?"
 남자는 소년을 잠깐 쳐다본 후에 자기 주머니를 뒤져 보았다. 그리고는 활짝 웃으며 소년에게 말했다.
 "아, 그래. 내가 떨어뜨린 것 같구나. 꼬마야, 네가 주웠니?"

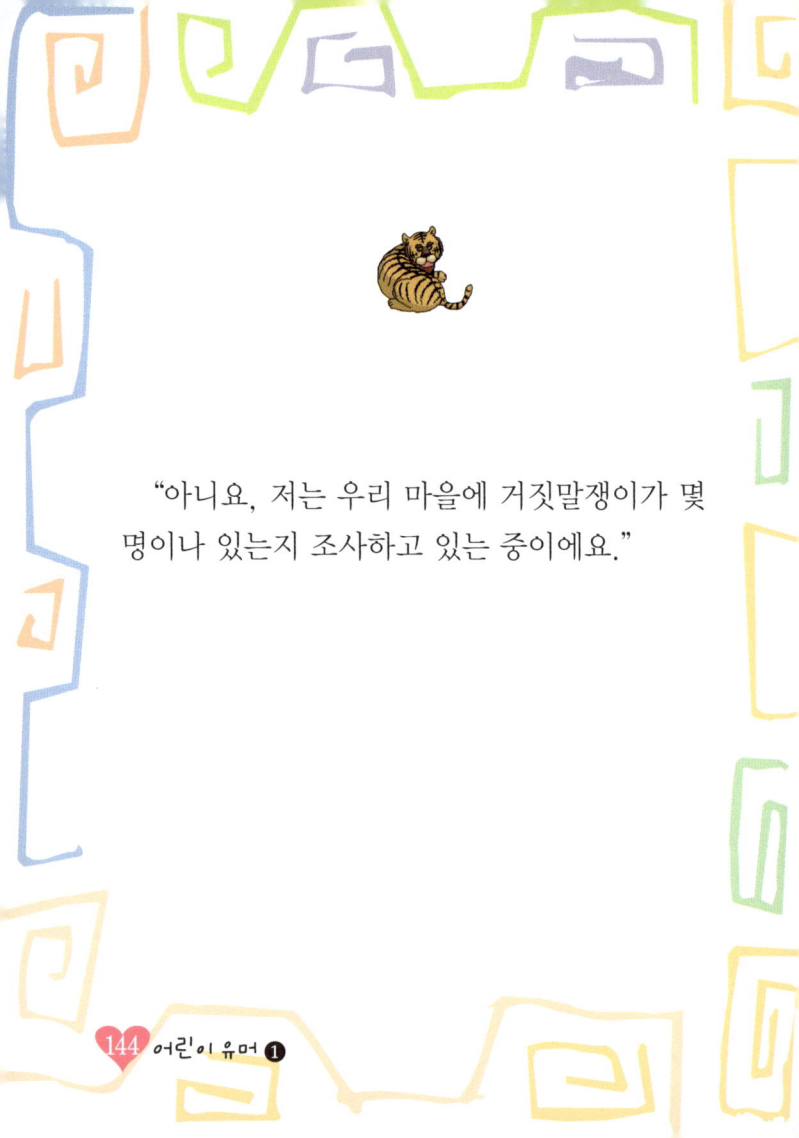

"아니요, 저는 우리 마을에 거짓말쟁이가 몇 명이나 있는지 조사하고 있는 중이에요."

쉬는 날

어머니가 2층에서 내려다보니, 일곱 살짜리 큰딸은 다섯 살짜리 동생을 자기들이 하는 놀이에 끼워 주지 않고 있었다. 그래서 큰딸을 불러서 타일렀다.

"얘, 너는 왜 동생을 안 데리고 노니?"
"너무 어려서 판을 깨니까 그렇죠."
"제발 참을성 있게 잘 데리고 놀아라."

얼마 후에 어머니가 다시 내려다보니, 작은딸은 여전히 언니들의 놀이에 끼지 못하고 외톨이가 되어 한쪽 구석에 앉아 있었다.

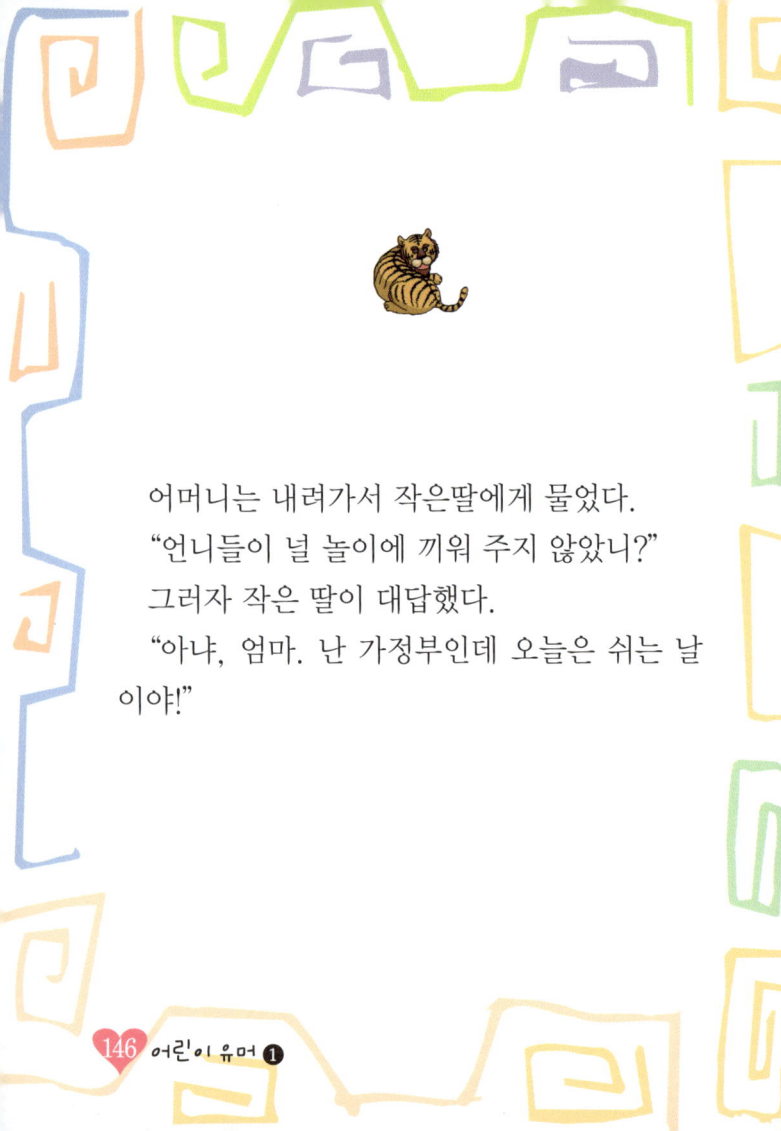

어머니는 내려가서 작은딸에게 물었다.
"언니들이 널 놀이에 끼워 주지 않았니?"
그러자 작은 딸이 대답했다.
"아냐, 엄마. 난 가정부인데 오늘은 쉬는 날이야!"

미국 변호사협회

 지구에서 벌어지는 온갖 사악한 일 때문에 크게 실망한 하나님께서 지구를 멸망시키고 신천지를 만들기로 작정했다.
 하나님은 즉각 홍보 담당 천사를 불러, 프랑스와 미국의 주요 신문사에, 이틀 뒤에 지구를 멸망시킬 예정임을 알려 주라는 지시를 내렸다.
 이튿날 아침, 프랑스의 주요 신문에는 다음과 같은 타이틀의 기사가 실렸다.
 '하나님께서 내일 지구를 멸망시킬 예정임.

파리에 있는 모든 백화점은 일찍 문을 닫도록!'

그리고 미국의 주요 신문에는 다음과 같은 타이틀의 기사가 실렸다.

'하나님께서 내일 지구를 멸망시킬 예정임. 미국 변호사 협회, 하나님을 연방 법원에 고발키로!'

뉴턴(Newton)

영국의 과학자 뉴턴이 어느 날 난로 앞에서 불을 쬐고 있었는데 불이 너무 뜨거웠다.
"아이쿠, 뜨거워!"
뉴턴은 더 이상 견딜 수 없자 하인을 불렀다.
"이보게, 너무 뜨거워. 빨갛게 단 석탄을 좀 꺼내지 그래!"
그러자 하인이 고개를 갸웃하더니 말했다.
"선생님, 그렇게 뜨거우시면 의자를 조금만 뒤로 밀어 놓고 앉으시면 될 텐데요."

그러자 뉴턴은 자기 머리를 치더니 웃으며 말했다.
"아차, 난 왜 그런 생각을 하지 못했지?"

뉴턴은 개를 무척 좋아했다.
그가 연구에 몰두하고 있을 때 개가 대소변 때문에 밖에 나가려고 끙끙거리는 것을 보고 마음대로 나갈 수 있도록 문에 구멍을 냈다.
그가 개를 좋아하는 것을 아는 친구가 작은 개 한 마리를 선물했다.

   그래서 뉴턴은 큰 구멍 옆에다 작은 출입구를 하나 더 만들었다.

   친구가 놀러 와서 그것을 보고 어이가 없다는 듯 말했다.

   "여보게, 큰 구멍 하나만 있으면 둘 다 드나들 수 있는데 수고스럽게도 두 개나 만들었군."

   그러자 뉴턴은 웃으면서 말했다.

   "아, 난 왜 그런 생각을 하지 못했지?"

   아무리 머리가 비상한 천재라도 모든 것에

완벽할 수는 없다.
　어떤 부분에서는 평범한 보통 사람들보다 놓치는 부분도 있을 수 있는 것이다.

도둑의 기지

도둑이 남의 집 담을 슬쩍 넘었다.
그 때 집 주인이 도둑을 보고 말했다.
"왜 남의 집 담을 넘는 거야?"
그러자 도둑이 말했다.
"여보시오, 왜 차별하는 거요?"
주인이 도둑의 말뜻을 알아듣지 못하여 되물었다.
"내가 당신한테 차별한 게 무엇이란 말이오?"
도둑이 당당하게 말했다.

"옆집의 넝쿨 장미가 담장을 넘는 것은 환영하면서 나한테는 왜 푸대접하는 거요? 도둑놈 심보로군."

은행의 CC TV

한 젊은 건달이 은행 창구로 가서 말없이 한 장의 종이 쪽지를 창구의 예쁘게 생긴 종업원에게 건네 주었다.

거기에는 이렇게 씌어 있었다.

'나는 은행 강도다. 이 자루에 돈을 가득 채워라. 그렇지 않으면 죽이겠다.'

은행원은 그 종이 쪽지에 뭔가를 써서 강도 청년에게 다시 건네 주었다.

강도가 읽어 보니 이렇게 씌어 있었다.

'머리도 깔끔하게 빗고 넥타이도 똑바로 고

쳐 매라. 이 바보 같은 놈아, 너는 텔레비전 카메라에 찍히고 있단 말이야.'

문제와 위기

 신은 사람에게 선물을 줄 때마다 그것을 '문제(problem)'라는 포장지에 싸서 주신다.

 대부분의 사람들이 아주 많은 선물을 받았다. 모든 문제를 선물이라고 생각한다면 우리는 아마 그 선물을 기꺼이 받아들일 것이다.

 아무리 돈이 많은 사람도 걱정거리가 없는 사람이 있는가? 모두가 걱정거리를 갖고 있다.

 인생은 원래가 걱정거리의 연속이다. 2~3개월마다 위기를 겪게 된다. 문제와 위기의 연속이 바로 인생이다.

　다시 말하면 어떤 인간이라도 공통점은 이것이다.
　현재 위기를 겪고 있거나, 막 위기에서 벗어났거나, 곧 위기를 맞게 될 것이라는 것이다. 원래 세상사가 그런 것이다.
　중요한 한 가지는, 자신이 어떻게 문제와 위기를 받아들이는가에 있다.

해석을 달리하다

한 사람이 도서관에서 독서에 열중하느라고 도서관 문 닫는 시간을 놓쳐 나가지 못했다.

'이걸 어쩐담? 다시 문이 열릴 때까지 기다려야 하나?'

그는 안에서 얌전히 문이 열릴 때까지 도저히 기다릴 수 없어서 도서관 직원의 집으로 전화를 걸었다.

"도서관, 몇 시에 문을 열지요?"

"오전 9시에 엽니다. 그런데 한 밤중에 집에 있는 나에게 전화를 한 이유가 무엇입니까?"

전화를 한 남자는 실망한 목소리로 말했다.
"안 돼요, 오전 9시까지는 안 돼요! 지금 문 열어 줘요!"
도서관 직원이 말했다.
"안 돼요, 오전 9시 전에는 안 돼요. 왜 오전 9시 전에 들어가려고 해요?"
그러자 그 남자가 슬프게 말했다.
"누가 그래요, 내가 도서관에 들어가려 한다고? 나는 나가기를 원해요."

인생의 지름길

미국의 유명한 흑인 가수 마리안 앤더슨이 기자로부터 질문을 받았다.

"당신이 이토록 유명한 가수가 되기까지에는 어떤 계기가 있었으리라 생각되는데요, 말씀해 주시겠습니까?"

이에 앤더슨이 대답했다.

"저는 어려서부터 교회에 다녔습니다. 성가대에서 찬양을 했지요. 잘 하지는 못했지만 열심히 했습니다. 그런데 독창자가 결석을 하면 지휘자는 저에게 독창을 하라고 했습니다. 예

배를 마치면 언제나 목사님은 저의 노래에 대해 칭찬과 비평을 해 주셨습니다. 저는 독창하는 것이 좋았고, 그래서 저는 절대로 교회에 빠지는 날이 없었습니다. 언제 저에게 독창하는 기회가 주어질지 몰랐기 때문입니다. 그 후로 제 노래 실력이 향상되어 갔고, 주일마다 접하는 하나님의 말씀을 통해 저의 믿음도 커져 갔습니다."

사람들은,

"나에게도 그런 기회가 주어졌더라면, 꼭 성

공했을 텐데…."
하고 말을 한다.

　하지만 기회가 와도 준비되지 않은 사람에게는 무용지물(無用之物)이 되고 만다.

　이와 반대로 항상 준비되어 있다면 기회를 능히 자신의 것으로 만들 수 있는 것이다.

소학(小學)으로 꾸짖다

옛날 조선 시대 때의 이야기다.

주인이 대청에서 머슴에게 말했다.

"여봐라, 조 밭의 김을 매고 나서 화단의 잡초를 뽑아라!"

"네, 나리."

머슴은 대답을 하고 나서 빈정댔다.

"흥, 자기는 높은 마루 위 서늘한 바람 부는 곳에 앉아 독서만 하여 여름날 무더위를 알지 못한 채 거드름을 피우면서, 이것 먼저 하고 저것은 나중에 하라고 분부하니 낸들 어찌 견

딜 수 있나!"

주인이, 머슴이 종알거리는 소리를 듣고는 놈을 잡아들였다. 그런 다음 새 의복을 갈아입히고 머리에 망건을 씌워 꽉 조여맸다.

그리고 새 버선에 행전을 채워 꿇어앉게 하고는 소학(小學)을 가르쳤다.

머슴은 땀이 줄줄 흘러 나와 등을 적시고 두 다리는 찌르는 듯이 아팠으며 머리통은 깨지는 것만 같았다.

정신은 오락가락하여 흡사 중병 치레를 하

는 사람 같아 죽을 지경이었다.

  도저히 참을 수가 없었던 머슴은 두 손을 땅에 짚고 머리를 숙여 주인에게 사죄하였다.

  "주인님, 잘못했습니다. 용서해 주십시오!"

  머슴은 입었던 옷을 벗어 던지고 자기 옷을 바꿔 입고는 심호흡을 했다.

  "아, 살 맛 나는 세상이구나!"

  그리고는 소를 몰고 가는데 소가 느릿느릿 가자 채찍을 휘두르며 꾸짖었다.

  "이놈, 소학을 가르칠까 보다!"

부창부수
(夫唱婦隨)

　어느 일요일 아침, 부부가 대판 싸움을 하고 하루 종일 말 한마디 하지 않았다.
　밤이 되어 잠자리에 들면서 남편이 테이블 위에 메모를 남겼다.
　"아침 6시에 꼭 깨워 줘!"
　다음 날, 남편이 일어나 보니 11시가 다 되어가고 있었다.
　테이블 위에는 다음과 같은 쪽지가 놓여 있었다.
　'6시예요, 어서 일어나요!'

유머와 찰떡 궁합 수수께끼

1. 가기만 하고 돌아오지 않는 것은?

2. 가느다란 몸뚱이에 귀만 하나 있는 것은?

3. 가슴의 무게는?

4. 가시돋힌 방 안에 앉아 있는 맛있는 대머리는?

5. 가장 무서운 놀이판은?

6. 가장 빠른 새는?

7. 개 가운데 가장 큰 개는?

8. 걸어가면서 길 위에 도장 찍는 것은?

9. 검은 돌과 흰 돌이 만나기만 하면 싸우는 것

은?

10. 검정 물똥을 싸는 것은?

11. 겁쟁이들이 가지고 다니는 돌 열 개는?

12. 겨울에 많이 쓰는 끈은?

13. 고개 너머 낭떠러지는?

14. 고기 먹을 때마다 따라오는 개는?

15. 고래가 몇 마리 모일 때 가장 시끄러울까요?

16. 고슴도치가 동굴 속에 들어가 목욕하는 것은?

 1. 세월 2. 바늘 3. 4근(두근두근) 4. 밤 5. 이판사판 6. 눈 깜짝할 새 7. 안개 8. 지팡이 9. 바둑 10. 만년필 11. 오돌오돌 12. 따끈따끈 13. 목구멍 14. 이쑤시개 15. 2마리(고래고래) 16. 양치질

유머와 찰떡 궁합 수수께끼

1. 고추장이나 된장을 담그다가 잘못되면 뭐가 될까요?

2. 곤충의 몸을 3등분하면 어떻게 될까요?

3. 공기만 먹어도 살이 찌는 것?

4. 공부해서 남 주는 사람은?

5. 공은 공인데, 사람들이 가장 좋아하는 공은?

6. 과거가 있기 때문에 성공한 사람은?

7. 과수원의 과일을 먹기 좋은 때는?

8. 구리는 구리인데, 쓸모가 없는 구리는?

9. 굴 속에 들어가서 흙을 파서 내오는 주걱은?

10. 굴 속에 흰 바위가 32개 있는 것은?

11. 굶는 사람이 많은 나라는?

12. 궁색한 사람들이 찾는 책은?

13. 권투 선수들이 돈을 계산하는 방법은?

14. 귀는 귀인데 발 달린 귀는?

15. 귀도 하나, 입도 하나인 것은?

16. 귀에 걸치는 다리는?

 답

1. 젠장 2. 죽는다 3. 풍선 4. 선생님 5. 성공 6. 암행어사 7. 주인이 없을 때 8. 멍텅구리 9. 귀이개 10. 입 속의 이 11. 헝가리 12. 궁여지책 13. 주먹구구 14. 당나귀 15. 전화기 16. 안경 다리

유머와 찰떡 궁합 수수께끼

1. 근심 있는 사람의 얼굴에 찐 살은?

2. 급할 때 찾는 실은?

3. 급해야 만들 수 있는 떡은?

4. 기둥 하나에 방이 두 개 있는 것은?

5. 기름을 먹고 사는 소는?

6. 긴 줄에 매달려 춤추는 것은?

7. 깎으면 깎을수록 커지는 것은?

8. 깜박이 아래 훌쩍이, 훌쩍이 아래 쩝쩝이는?

9. 깨뜨려야 칭찬받는 것은?

10. 꼭 씹어서 먹어야 하는 물은?

11. 끊지 않았는데도 끊는다고 하는 것은?

12. 나면서부터 늙은 것은?

13. 나무 위에서 빨간 이를 드러내고 웃는 것은?

14. 나무가 둘 있으면 수풀(林)이다. 다섯이 있으면?

15. 나무를 주면 살고, 물을 주면 죽는 것은?

16. 나무가 옥에 갇혀 있는 글자는?

17. 낮에는 낮아지고 밤에는 높아지는 것은?

1. 주름살 2. 화장실 3. 헐레벌떡 4. 콧구멍 5. 주유소 6. 빨래 7. 구멍 8. 얼굴 9. 신기록 10. 나물 11. 차표 12. 할미꽃 13. 석류 14. 삼림(森林) 15. 장작불 16. 곤할 곤(困) 자 17. 천장

유머와 찰떡 궁합
수수께끼

1. 넓은 바다가 좁다고 웅크리고 자는 것은?

2. 노인들이 가장 좋아하는 폭포는?

3. 논에 막대기를 세운 글자는?

4. 놀부가 가장 좋아하는 술은?

5. 다리도 없는데 잘도 뛰는 것은?

6. 다리로 올라서 엉덩이로 내려오는 것은?

7. 다섯에서 하나를 먹으니 여섯이 되는 것은?

8. 닦으면 닦을수록 더러워지는 것은?

9. 달리면 서고 안 달리면 쓰러지는 것은?

10. 담은 담인데 사람들을 웃기는 담은?

11. 담은 담인데 사람들이 무서워하는 담은?

12. 담은 담인데 여자들이 좋아하는 담은?

13. 더울수록 몸이 작아지는 것은?

14. 더울 때는 일하고 추울 때는 잠자는 것은?

15. 덜 된 사람들이 꼭 가져야 할 양은?

16. 도둑이 가장 싫어하는 아이스크림은?

17. 도둑이 훔친 돈을 영어로 하면?

18. 돈 안 들고 거저 먹는 것은?

 1. 새우 2. 나이야가라 폭포 3. 납 신(申) 자 4. 심술 5. 물가(物價) 6. 미끄럼틀 7. 나이 8. 걸레 9. 자전거 10. 농담, 만담 11. 괴담 12. 잡담 13. 얼음 14. 선풍기, 부채 15. 수양 16. 누가바 17. 슬그머니 18. 공기

유머와 찰떡 궁합 수수께끼

1. 돈을 벌려면 우선 망쳐야 하는 사람은?

2. 돈이 낳는 새끼는?

3. 돈이 있어야 오를 수 있는 산은?

4. 돌벽에 명주 늘인 것은?

5. 동물 중에서 가장 낭비를 많이 하는 동물은?

6. 돼지들이 뀌는 방귀는?

7. 두 쌍둥이가 평생 같은 일을 하는 것은?

8. 둥근 백옥 속에 황금 덩어리가 들어 있는 것

은?

9. 둥근 산에 구멍 일곱 개 있는 것은?

10. 둥근 언덕에서 나는 피리 소리는?

11. 뒤로 가면 이기고 앞으로 가면 지는 것은?

12. 뒤통수에 눈이 박힌 것은?

13. 뒤틀린 항아리에 고기 한 점 든 것은?

14. 떡 중에서 가장 빨리 먹는 떡은?

15. 로봇 형사 '가제트'의 성은?

16. 루돌프의 코는 왜 반짝이나?

 1. 어부 2. 이자 3. 계산 4. 폭포 5. 사자 6. 돈가스 7. 젓가락 8. 삶은 달걀 9. 얼굴 10. 방귀 11. 줄다리기 12. 개구리 13. 달팽이 14. 헐레벌떡 15. 마징 16. 닳아서

유머와 찰떡 궁합 수수께끼

1. 마당에서 열심히 땅을 파면 나오는 것은?

2. 많이 먹을수록 늘어나는 것은?

3. 많이 먹을수록 화가 나는 것은?

4. 맞고 오면 엄마가 가장 좋아하는 것은?

5. 매를 맞아야 노래 부르는 것은?

6. 매를 맞고 하늘로 올라가는 것은?

7. 매일 학교에 따라가지만 공부는 하지 않는 것은?

8. 머리로만 오를 수 있는 산은?

9. 머리를 얻어맞아야 들어가는 것은?

10. 머리를 풀어헤치고 하늘로 올라가는 것은?

11. 머리카락으로 일하는 것은?

12. 먹기 전에는 1개인데, 먹을 때면 2개가 되는 것은?

13. 먹고 오면 엄마가 가장 싫어하는 것은?

14. 먹으면 죽는데 안 먹을 수 없는 것은?

15. 먹을수록 덜덜 떨리는 음식은?

16. 먹지 않아도 맛이 단 것은?

17. 먹지도 못하면서 음식 심부름만 하는 것은?

1. 땀 2. 나이, 주름살 3. 욕 4. 100점 5. 종 6. 야구공 7. 가방 8. 암산 9. 못 10. 연기 11. 붓 12. 나무젓가락 13. 빵점 14. 나이 15. 추어탕 16. 단잠 17. 숟가락, 젓가락

1. 먼 산을 보고 방귀 뀌는 것은?

2. 모으면 버려야 하는 것은?

3. 목수도 고칠 수 없는 집은?

4. 목을 조이는 것인데도 좋아하며 받는 선물은?

5. 몸뚱이 하나에 꼬리 달고 하늘에서 춤추는 것은?

6. 못 사는 사람이 많아야 잘 되는 장사는?

7. 무슨 일이든지 언제나 뒤로 미루기만 하는 사람들이 하는 일은?

8. 바가지는 바가지인데, 깨지지 않는 바가지는?

9. 바다에 뜬 사발은?

10. 바다에서 사는 개는?

11. 바람이 불어야 가는 것은?

12. 바지 속에서 잃어버리고 못 찾는 것은?

13. 바퀴 달고 하늘을 나는 것은?

14. 반드시 모자를 벗어야만 할 수 있는 일은?

15. 반쯤 앉고 반쯤 서서 추는 춤은?

16. 발버둥치는 사람이 많은 곳은?

17. 발 없이 천리 가는 것은?

답
1. 대포, 총 2. 쓰레기통 3. 고집 4. 넥타이 5. 연 6. 철물점 7. 차일피일 8. (아내의)바가지 9. 달 10. 조개, 물개 11. 돛단배 12. 방귀 13. 비행기 14. 이발 15. 엉거주춤 16. 수영장 17. 소문

유머와 찰떡 궁합 수수께끼

1. 발은 발인데 머리 꼭대기에 달린 발은?

2. 발이 두 개 달린 소는?

3. 밟을수록 달아나는 것은?

4. 밤낮 남의 말만 하는 것은?

5. 밤새도록 같이 있다가 날만 새면 헤어지는 것은?

6. 밤에 불만 켜면 도망가는 것은?

7. 방귀 뀌고 하늘로 올라가는 것은?

8. 방귀나무에 열리

는 열매는?

9. 병은 병인데 앓지 않는 병은?

10. 부엌일 하는 사람과 가장 친한 거지는?

11. 북한 주민들이 평생 볼 수 없는 영화는?

12. 불을 끄지 않으면 잠을 잘 수 없는 사람은?

13. 비 올 때 웃는 웃음은?

14. 비는 비인데 사람을 가난하게 만드는 비는?

15. 사람들이 가장 좋아하는 영화는?

16. 사람이 들어가면 움직이는 집은?

17. 사람이 옥에 갇혀 있는 글자는?

1. 가발 2. 이발소 3. 자전거 4. 전화통 5. 이불, 요
6. 어둠 7. 로켓 8. 오디(뽕나무 열매) 9. 꾀병 10. 설거지 11. 부귀 영화 12. 소방관 13. 비웃음 14. 낭비
15. 부귀 영화 16. 가마 17. 갇힐 수(囚) 자

유머와 찰떡 궁합 수수께끼

1. 세상에서 제일 큰 코는?

2. 아래로는 못 가고 위로만 가는 것은?

3. 아홉 명의 자식을 석 자로 줄이면?

4. 앉으면 높아지고 서면 얕아지는 것은?

5. 알 낳고 방귀 뀌는 것은?

6. 약은 약인데, 아껴 먹어야 하는 약은?

7. 양은 양인데 많이 배운 사람에게 많은 양은?

8. 언제나 새 옷만 입는 것은?

9. 얼굴 없이 말하는 것은?

10. 여름에 먹는 것인데 아무리 먹어도 배부르지 않는 것은?

11. 여자가 가장 좋아하는 집은?

12. 열 명 있어도 한 사람이라고 하는 것은?

13. 예의바른 사람이 사는 동네는?

14. 오르면 오를수록 나쁜 것은?

15. 오르면 오를수록 좋은 것은?

16. 오리는 오리인데, 날지도 못하면서 행패만 부리는 오리는?

17. 오리의 방석은?

1. 멕시코 2. 연기, 김 3. 아이구 4. 천장 5. 총 6. 절약 7. 교양 8. 마네킹 9. 전화 10. 더위 11. 시집 12. 한의사 13. 인사동 14. 물가 15. 월급 16. 탐관오리 17. 물

유머와 찰떡 궁합 수수께끼

1. 오이의 나이는 몇 살일까?

2. 온통 문제투성이인 것은?

3. 올림픽 경기에서 권투를 잘 하는 나라는?

4. 읽을 수 없는 책은?

5. 입 속에 입이 있는 한자는?

6. 자기가 말하고도 모르는 것은?

7. 짐을 져야 가고 안 지면 안 가는 것은?

8. 추운 겨울에 가장 많이 찾는 끈은?

9. 칼은 칼인데 자르지 못하는 칼은?

10. 코미디언들이 잘 걸리는 병은?

11. 콩 중에서 제일 큰 콩은?

12. 탈이 없으면 절대로 할 수 없는 일은?

13. 통은 통인데, 사람들이 누구나 갖기를 바라는 통은?

14. 통은 통인데, 사람들이 모두 싫어하는 통은?

15. 파란 집에서 살다가 노란 집이 되면 뛰쳐나오는 것은?

16. 파란 풀밭에 까만 콩을 뿌리며 가는 것은?

 답

1. 쉰두(52) 살 2. 시험지 3. 칠레 4. 속수무책 5. 돌아올 회(回) 자 6. 잠꼬대 7. 신발 8. 따끈따끈 9. 머리칼 10. 요절복통 11. 홍콩 12. 탈춤 13. 운수대통 14. 고통 15. 콩 16. 염소

유머와 찰떡 궁합 수수께끼

1. 팽이는 팽이인데, 때리면 죽는 팽이는?

2. 펭귄이 다니는 고등 학교는?

3. 펴면 집이 되고 접으면 지팡이가 되는 것은?

4. 평생 꾸어 주기만 하고 돌려받지는 못하는 것은?

5. 풀 수는 있는데 감을 수는 없는 것은?

6. 풀리면 풀릴수록 좋은 것은?

7. 피곤해야 만들 수 있는 반찬은?

8. 피는 피인데 입고 다니는 피는?

9. 하늘과 땅 사이에 있는 것은?

10. 하늘과 땅 속에서 서로 끌어당기는 것은?

11. 하늘(天)보다 더 높은 한자는?

12. 하늘에 사는 네 마리 개는?

13. 하늘에서 그물질을 해 고기를 낚는 것은?

14. 하늘에서 글자 공부를 하는 새는?

15. 하늘에서 똥을 싸는데 밤에만 보이는 것은?

16. 하늘을 향해 방귀 뀌는 것은?

17. 하루만 지나도 헌 것이 되는 것은?

답
1. 달팽이 2. 냉장고 3. 우산 4. 방귀 5. 콧물 6. 피로 7. 파김치 8. 모피 9. '과' 10. 나무 11. 지아비 부(夫;하늘을 꿰뚫었으니까) 12. 무지개, 솔개, 번개, 안개 13. 거미 14. 기러기 15. 별똥 16. 굴뚝 17. 신문

1. 하루 종일 걸어도 오 리밖에 못 가는 것은?

2. 하루 종일 두 팔로 세수하는 것은?

3. 하면 할수록 늘어나는 것은?

4. 한 시간에 겨우 한 걸음씩밖에 움직이지 않는 느림보는?

5. 할아버지가 제일 좋아하는 돈은?

6. 해와 달이 한꺼번에 나오는 날은?

7. 해만 보면 눈물을 흘리는 것은?

8. 햇볕만 쬐면 죽는 사람은?

9. 헌 병이 가장 무서워하는 사람은?

10. 화장실에 사는 새는?

11. 흰 돌 위에 풀이 돋은 것은?

12. 형제가 싸우는데 주위 사람이 동생 편만 들어 주면 어떤 싸움이 될까?

13. 호주의 떡은?

14. 호주의 돈은?

15. 호주의 술은?

16. 화장실을 지키는 두 마리용은?

 1. 오리 2. 시계 3. 저금 4. 시계의 짧은 바늘 5. 할머니 6. 명일(明日) 7. 얼음 8. 눈사람 9. 고물 장수 10. 똥 냄새 11. 무 12. 형편없는 싸움 13. 호떡 14. 호주 머니(money) 15. 호주 16. 신사용, 숙녀용

철학과 해학이 있는 이야기 책!

어린이 유머 ❶

엮은이/우옹
펴낸이/이홍식
발행처/도서출판 지식서관
등록/1990.11.21 제96호
경기도 고양시 덕양구 고양동 31-38
전화/031)969-9311(대)
팩시밀리/031)969-9313
e-mail / jisiksa@hanmail.net

초판 1쇄 발행일/2012년 12월 5일
개정판 1쇄 발행일/2025년 7월 5일